THE WAY OF BREAKING THROUGH

THE PRACTICE AND THINKING OF
INTEGRATED MEDIA DEVELOPMENT OF *XIAOSHAN DAILY*

破圈之路

萧山日报媒体融合发展的实践与思考

陆伟岗◎主编

ZHEJIANG UNIVERSITY PRESS
浙江大学出版社
·杭州·

　　党的二十大报告指出，要"加强全媒体传播体系建设，塑造主流舆论新格局"，明确了新时代新闻舆论工作的目标和任务。从 2014 年《关于推动传统媒体和新兴媒体融合发展的指导意见》指出"着力打造一批形态多样、手段先进、具有竞争力的新型主流媒体，建成几家拥有强大实力和传播力、公信力、影响力的新型媒体集团，形成立体多样、融合发展的现代传播体系"，到 2019 年习近平总书记在十九届中央政治局第十二次集体学习时提出"形成资源集约、结构合理、差异发展、协同高效的全媒体传播体系"①，再到党的二十大报告，建设全媒体传播体系，巩固壮大主流思想舆论，一直都是我国建设社会主义文化强国的核心战略。

　　如何加强全媒体传播体系建设，塑造主流舆论新格局？近年来，从中央到地方，涌现出不少成功案例。作为一家区域性党媒，萧山日报在媒体深度融合发展方面进行了大胆改革与创新，其成功经验值得国内同行关注。概括而言，萧山日报的融媒发展之道主要包括以下四个方面。

　　一是机制改革。媒体融合要实现从"物理反应"向"化学反应"转变，从"形"的融合向"神"的融合转变，体制机制创新是关键。萧山日报近年来重新梳理各部门职能，按照采编经营分离、集中统一管理、范围边界清晰的原则，以大部制的形式重构功能板块，从原先只有一个部门探索融媒体，过渡到全员从事融媒体。以融媒体指挥中心为总调度，推行每日会商制、每周编务例会制，总编按月轮值，

---

①　习近平：《论党的宣传思想工作》，中央文献出版社 2020 年版，第 355—356 页。

在专职编委的协助下对前后端进行统筹协调，强化对各媒体端口的题材策划、力量整合与报道融合，推进流程再造。充分发挥考核这根"指挥棒"，更加突出向新媒体倾斜、向本土原创稿倾斜、向好稿倾斜，鼓励记者全面转型。

二是内容建设。不论技术如何变迁，媒体融合发展的第一要务还是内容。萧山日报紧跟区委、区政府步伐，围绕中心、服务大局，突出精品党报定位，出新出彩做好重大主题宣传报道。策划推出"共同富裕萧山范""数智村社"等系列报道，用心用情描绘萧山共同富裕新图景；开设《稳进提质》《聚焦"五企"培育　打造经济金名片》等经济类专栏，为萧山经济高质量发展鼓与呼；开设《当好东道主　办好亚运会》专栏，开辟《亚运》专版，承办"亚运看萧山——2022年度全国主流媒体、网络媒体萧山行"大型采访活动等，做好杭州亚运会宣传报道；推出"忠实践行'八八战略'　奋力投身'两个先行'——聚焦萧山城乡社区现代化建设"系列报道，深入挖掘典型村社在现代化社区建设中的亮点特色。

三是叙事创新。"媒介即讯息"，在新媒体时代更是如此。优质内容也要通过与时俱进的媒介形态直抵人心。萧山日报坚持"上连党心、下接民心"，权威发布与下沉布局两手抓，积极构建"7+X"融媒体传播矩阵。"对话百年萧山""寻访萧山红色印记""与党同龄，与党同行"等一批融媒体系列产品在全媒体各端口实现立体式传播，直播、短视频、动图、九宫格、动漫、H5、手绘等新技术新手段在移动端焕发巨大活力。2021年推出的融媒宣传推广栏目《萧报圆桌汇》，以"滚动直播＋新闻＋内参"的形式，把民生项目"摆上桌面"，搭建起政府与百姓的商讨沟通平台，得到社会的广泛关注。

四是为民服务。建设全媒体传播体系，巩固壮大主流思想舆论，推进主流媒体深度融合发展的根本宗旨还是全心全意为人民服务。作为基层主流媒体，萧山日报积极推动"新闻＋政务服务商务"的模式创新，全力推进主流媒体从"独、专、特"的传统特质向"全、广、优"的全媒特色转变。一方面做好新闻服务主业：及时做好民生服务类报道，聚焦民生热点，关注民生实事，第一时间推出紧贴市民需求、契合市民心声的民生服务报道；创新升级民生议事栏目，《萧报圆桌汇》通过线上征集话题、线下讨论、融媒直播、内参分析，搭建起听民声、集民意、汇民智、解民忧的服务平台。另一方面培育政务服务新业：提升政务智媒服务水平，立足萧山、深耕本土，根据党委、政府、部门平台、镇街村社等的特定需求，相应地提供特色化、精细化、情景化、定制化的多元产品和综合服务，提升政务服务能力。

当然，萧山日报的媒体融合探索绝不仅限于上述内容。要全面解码萧山日报的融合创新之道，这本《破圈之路》无疑是一把金钥匙。全书从体制机制创新、内容生产创优、融媒传播迭代、品牌栏目锻造、产商运营突围等五个方面系统阐释了萧山日报媒体融合发展的实践和思考，值得媒体融合发展的实践者、观察者、研究者和决策者一读。

媒体融合是一个过程，没有终点，永远在路上。愿这本书能够给媒体融合的探路者们照亮前方。

浙江大学传媒与国际文化学院院长、教授、博士生导师

浙江大学融媒体研究中心主任

2023 年 7 月 17 日于杭州

破圈之路喜奔竞

近年来，5G、大数据、云计算、物联网、人工智能等技术的不断发展，带来了信息传播媒介和方式的变化，信息无处不在、无所不及、无人不用，导致舆论生态、媒体格局、传播方式发生了深刻变化，新闻舆论工作面临新的挑战。

如果我们不能随着实践发展不断改革创新，还是按照过去的老规矩、老套路办报办刊，自娱自乐、自说自话，千报一面、千台一腔，必然导致阵地萎缩，影响削弱，导致党的新闻事业失去生机和活力。

加快推进媒体融合发展，适应传播领域移动化、社交化、可视化等趋势，使主流媒体继续保持强大的传播力、引导力、影响力、公信力，这是时代赋予主流媒体的使命和任务，新闻媒体一线的主力军必须奋力"破圈"。

破圈，要破理念的桎梏。主流媒体的从业人员大多是做传统媒体出身，习惯了"我写你看""我播你看"的单向输出，对于交互性强的互联网传播方式一时难以适应。加之新媒体传播的盈利模式一时还难以形成，一些传统媒体的从业人员认为媒体生存还是要靠传统方式，对于变革的积极性、主动性不高。因此，传统媒体要破圈发展，首要的是要破理念的桎梏。

破圈，要破能力的局限。主流媒体的从业人员大多是按照报纸、广播、电视的传播方式招聘的人才，要掌握新媒体传播的技能，需要重新学习，重新出发，一些资深的从业人员觉得自己的看家本领还能抵挡一阵子，认为新媒体是年轻人玩玩的，学习的积极性不高，往往只是招一批年轻人搞新媒体。但破圈，是需要全员具备新媒体的内容生产能力的。

破圈，要破流程的壁垒。传统媒体多年来形成了一套较为成熟的内容生产流程，要同时生产传统媒体和新媒体的内容产品，形成一次采集、多元生成、全媒传播的格局。让传统媒体和新媒体真正融为一体、合而为一，需要重塑策采编发流程，打造好、运用好"中央厨房"，破除采编流程中传统媒体和新媒体各自为战的壁垒。

破圈，要破考核的固化。传统媒体长期以来形成了一套固有的考核办法，对新媒体的考核办法往往另起炉灶。要使传统媒体的采编人员向主阵地进军，需要考核的"指挥棒"发挥作用。优化考核需要存量资金和增量资金，成本的承受力是媒体改革需要权衡的，需要媒体经营管理者平衡好传统媒体和新媒体投入的比重，从而有效地破除考核的固化模式。

破圈，要破人才的界限。我们知道，改革的决定性因素是人才，发展新媒体对传统媒体的重要性不言而喻，单靠引进新的人才不能解决所有的问题。一是基层媒体难以吸引高端的新媒体人才，二是大量的新增人员使媒体背负更高的人力成本，不是一个高效益的选项。因此，破圈需要解决人才的一专多能问题，让更多从业人员跨界，实现人才队伍的整体转型。

2020年6月开始，萧山日报社、萧报传媒以一体化发展为目标，以报网并重为导向，走上了新的"破圈之路"。我们按照采编经营分离、专业人才聚合、纸媒新媒一体等原则，建立了大部制的融媒体指挥和生产体系，组建了6个融媒体工作室，构建了"7+X"融媒体传播矩阵，重塑了采编流程，优化了考核体系，强化了资源整合，开启了深度融合、破圈发展的新征程。在这个过程中，我们特别重视对全体员工的意识引导和能力提升，先后举办了全员参与的可视化传播能力大培训、图片视频摄制大竞赛，推出了融媒宣推大比武、产业创新大评选和新媒平台大升级等专项行动。建立了时事评论、"四力"监测小组，成立了视频研究会，启动了"主播计划"，鼓励员工多栖发展，推动"阿米巴"式的内容生产和产业创新。跨部门组成8个直播小组，实现了连续8天8场"国庆云度假"的移动直播操练，昔日的"笔杆子"变身为主播、摄像、互动小编和导播导演。在总体人员不增、基础队伍不变的情况下，通过学习培训，转变思路，提升能力，创作了大量正能量、年轻态、可视化的融媒传播作品，有力地提升了传播力、影响力和竞争力。

本书共分5个篇章，比较全面地反映了萧山日报社、萧报传媒经营管理、新闻采编和技术研发团队3年多来主动破圈的实践和思考，其中凝聚着管理层、中层骨干和一线采编人员的智慧和心血。虽然在实践中，还有许多"拦路石"需要搬除，但全体萧报人发挥"奔竞不息，勇立潮头"的精神，一步一个脚印地坚定前行，已经让我们在"破圈之路"上收获了一个个"小胜"的喜悦。相信只要坚持不懈地探索，融合发展的"大胜"一定会奖赏这些充满情怀的传媒探路人。

2024年，是《萧山日报》创刊70周年，也是萧山日报加盟杭州日报报业集团20周年，融合发展将开启新的篇章。在新时代新征程中，更加需要传媒人抢抓机遇、创造机遇，主动迎战、团队作战，充分发挥传统媒体积淀深厚的优势，认真总结近年来破圈发展的经验成果，进一步深化体制机制改革，通过自我革命、机制倒逼，全面激发内在活力和创新能力，打造出一支政治过硬、本领高强、求实创新、能打胜仗的传媒铁军，在融媒转型的大潮中凸显主力军的坚强战斗力，为实现中华民族伟大复兴的中国梦提供强大的精神力量和舆论支持。

杭州日报报业集团编委，萧山日报社社长、总编辑

2023 年 7 月 18 日

目　录

第三篇　融媒传播迭代

第四篇　品牌栏目锻造

第五篇　产商运营突围

第一篇

体制机制创新

重塑新格局　培育新力量　挺进主战场

——萧山日报推进媒体深度融合的实践与思考

陆伟岗

我们正在经历一个社交媒体、短视频、直播风起云涌的移动传播时代。《中国移动互联网 2021 半年大报告》显示，截至 2021 年 6 月，中国移动互联网用户规模达到历史最高值 11.64 亿，每月人均使用 26.3 个 App。移动传播已成为传媒发展的主要趋势，推进媒体深度融合迫在眉睫。

2020 年 9 月，中共中央办公厅、国务院办公厅联合印发《关于加快推进媒体深度融合发展的意见》，明确提出，要加快构建网上网下一体、内宣外宣联动的主流舆论格局，尽快建成一批具有强大影响力和竞争力的新型主流媒体。这也意味着，只有实现媒体深度融合，才能重新连接用户，才能持续增强主流媒体的传播力、引导力、影响力和公信力。

作为一家区域性党媒，萧山日报探索媒体融合的脚步从未停歇。特别是 2020 年以来，经历疫情大考的萧山日报更是把推进媒体深度融合当作一场危中寻机、危中谋变的自觉行动。通过融机制、融平台、融内容、融队伍，加速推动媒体融合从"物理移位"演变为"化学反应"，全面挺进舆论主战场。

一、以一体发展为原则，推进体制机制大调整

2019 年，习近平总书记在中央政治局第十二次集体学习时指出，"要坚持一体化发展方向，加快从相加阶段迈向相融阶段""催化融合质变，放大一体效能"。① 对主流媒体而言，就是要通过加强顶层设计，破除部门藩篱、强化内部联动，瞄准互联网主战场，通过流程优化、平台再造，实现各种媒介资源、生产要素有效整合，实现信息内容、技术应用、平台终端、管理手段共融互通。

2020 年 5 月，经过深入调研，萧山日报以"加快媒体融合、推进业务整合、实现统分结合"为原则，全面推进新一轮机构改革和机制调整，有效配置资源，激发内在动力（见图 1-1）。

图 1-1 2020 年 5 月，萧山日报机构改革动员大会

① 习近平：《论党的宣传思想工作》，中央文献出版社 2020 年版，第 355 页。

一是优化机构设置。打破传统媒体与新媒体之间的壁垒，重新梳理各部门职能，按照采编经营分离、集中统一管理、范围边界清晰的原则，以大部制的形式重构功能板块。从原先只有一个部门探索融媒体，过渡到全员从事融媒体。如新设立的采访中心，将原先的文字、摄影、视频记者集中起来，最大限度地实现各兵种协同作战；发布中心则集合了原先的报纸编辑和新媒体编辑，便于各端口统一编辑、分级发布，实现稿源共享、产品互通。

二是重塑采编流程。以融媒体指挥中心为总调度，推行每日会商制、每周编务例会制，总编按月轮值，在专职编委的协助下对前后端进行统筹协调，强化对各媒体端口的题材策划、力量整合与报道融合。每天，全媒体记者全方位采集原创的文字、图片、音视频内容，一次性或分批次发送到全媒体稿库；各媒体端口的编辑对当日重点稿件提前介入，并根据不同平台特点，分层级编发，实现精准推送。

三是完善考核体系。在考核导向上，更加突出向新媒体倾斜、向本土原创稿倾斜、向好稿倾斜，充分发挥考核这根"指挥棒"的功能，鼓励记者全面转型。如在移动端首发的原创稿可双重计分，适当提高移动端图片和视频内容的分值，对全媒体记者采取一级考核，上不封顶。改革仅半年，记者在新媒体客户端的原创稿数量翻两番。

为帮助全员尽快适应新的体制机制，也为了打造一支适应媒体融合、具备全面作战能力的萧山日报铁军，全员培训紧随其后。报社内部推行积分管理，构建起干部领学、中层讲学、部门互学、专题考学、员工自学的学习体系，全年组织30余场业务培训，并以考试、竞赛等方式检验学习成果。

二、以移动优先为导向，推进融合传播大提升

面对"终端随人走、信息围人转"的信息传播新态势，萧山日报坚持移动优

先策略，在机构改革的基础上，加大移动端的优化布局，进一步拓展表达的空间，改变信息抵达的方式，实现内容传播效果的最大化。

一是强化平台内容整合。以萧山发布 App 为融媒主平台，全面打通各端口的内容生产，原先开设在纸媒上的 20 余个名栏目、名版面，以及文化、政务、教育、金融等行业类栏目全面进驻 App，强化纸媒和数媒的融合传播。与此同时，对 App 界面、功能进行多次升级，并开设《人物》栏目，邀请名人入驻，汇聚私域流量。

二是构建全媒体矩阵。围绕打造"全程媒体、全息媒体、全员媒体、全效媒体"的融合发展要求，萧山日报坚持"上连党心、下接民心"，权威发布与下沉布局两手抓，积极构建"7+3+X"的全媒体矩阵。其中，"7"是指萧山日报、萧山网、萧山发布 App、萧山日报微信公众号、萧山日报官方微博、萧山日报抖音号、萧山日报视频号等 7 种类型的新闻传播平台；"3"是指学习强国萧山供稿中心、弄潮儿·云厅（区基层理论学习宣讲平台）、网络问政平台等三大政务服务平台；"X"是指 X 个商务服务类新媒群，包括自办、代维的微信公众号、手机报、抖音号等。

三是加强融媒内容生产。融媒体指挥中心精心策划，大力推进内容生产供给侧结构性改革，"对话百年萧山""寻访萧山红色印记""与党同龄，与党同行"等一批融媒体系列产品在全媒体各端口实现立体式传播，直播、短视频、动图、九宫格、动漫、H5、手绘等新技术新手段在移动端焕发巨大活力。2021 年推出的融媒宣传推广栏目《萧报圆桌汇》，以"滚动直播 + 新闻 + 内参"的形式，把民生项目"摆上桌面"，搭建起政府与百姓的商讨沟通平台，受到社会的广泛关注。

四是创新融合运营模式。适应互联网发展要求，以全媒全案策划重构商业运营模式，实现用户服务升级。创新打造首届萧山乡村文化旅游节、"@萧山·原味生活节"等融媒体品牌经营活动；开辟"爱萧山逅嘻""钱塘会""萧山投资理财俱乐部"等行业类线上服务平台，强化社群营销；开展产业创新大评选，主动探索符合融媒发展、具有市场潜力的传媒创新项目，以媒体融合推动产业融合。

三、以视频传播为抓手，推进全员培训大转型

融媒体背景下，短视频作为新闻内容承载模式已成为信息传播的重要形态，也是推进媒体深度融合的重要切入点。早在 2019 年，萧山日报就把布局视频产业列为融合转型的"一号工程"，从人力、资金和资源上全力支持视频平台打造和原创内容体系建设。报社专门成立"几维"视频工作室，组建视频团队，筹建面积 280 平方米的视频基地，全面发力视频内容生产。

为适应可视化传播的需要，提高视频创作水平，报社"多条腿"走路，推进全员大转型。

一是加大全员培训力度。依托"萧报大讲堂"，共开展 10 余场视频业务培训，从内容策划、拍摄技巧、剪辑技术等多角度切入，全面提升采编人员基本视频制作能力；举办"我的战疫日志"抖音大赛、"红心向党"短视频大赛等业务竞赛，在报社内部营造全员学习视频生产制作的良好氛围。尤其在采编、政务、经营部门，经过融媒体报道、网络访谈、直播带货、线上课程的历练，涌现出一大批会拍会剪、懂直播、能主持、敢创新的视频人才。

二是加强业务研讨。成立"几维"视频研究会，制定"六个一"工作机制，即一个网上虚拟社群、一个定期研讨制度、一个轮流主持制度、一个内部购买市场、一个业务合作通道和一个智库服务平台，以主题沙龙的形式定期开展业务研讨与交流，提高视频生产质量。

三是拓展视频团队。在原"几维"视频工作室的基础上，进一步发掘各部门的视频生产人才资源，组建了 7 个视频小组。开发软件，设立了网上招标平台，建立视频生产内部采购机制，鼓励以"阿米巴"模式，开展各视频小组间的业务合作与工序分包。

四是实施"主播计划"。以萧山发布 App、视频号、抖音号等新媒平台为载体，推出一批视频栏目，大力培育萧报视频网红。"主播计划"中的首批 20 余名主播，

不仅在区两会、迎战台风"烟花"、奥运报道等重大新闻事件和突发事件的报道中直播出镜，还在视频节目录制、直播访谈、直播带货、政务视频拍摄中得到全方位的锻炼。

四、以质量提升为目标，推进精品创作大比武

媒体融合，改变的是信息内容的传播方式，不变的是"内容为王"的要求，特别是在信息爆炸的今天，优质内容相对更为稀缺、需求更为迫切。无论体制机制如何调整，萧山日报始终定位"精品党报、优质阅读"，保持内容定力，专注内容质量。

——**纸媒专版化**。立足于做精要闻版块、做强评论理论、做暖民生新闻、做美文化副刊、做优经营类专刊、增加可视化元素，精心打造《湘论》《深读》《调查》《文化》《亚运》《天下》等专版，提升报纸品质（见图1-2、图1-3）。

——**栏目品牌化**。树立品牌意识，加强栏目定位，开设《总编走基层》、《圆圆跑市场》、《寻找新势力》、《连线智库》、《千与千寻》奥运双语栏目等一批品牌栏目，打造名栏目、名记者、名编辑。

图1-2 实施"评论强报"工程，推出《湘论》专版

图1-3 聚焦杭州亚运会，推出《亚运》专版

——**采编分众化**。外派记者进驻镇街、部门，打造下沉式服务平台，为合作单位提供专版、月刊、半月刊、微信代维等"陪伴式"融媒宣传服务。得益于深耕基层的优势，接地气、冒热气的新闻精品不断涌现，由临浦镇驻站记者采写的《"平安钉"进村入户 基层治理"移动化"》获杭州新闻奖一等奖。

——**竞赛常态化**。为提升采编人员精品意识，报社进一步优化质量考核制度，在原日好稿、月好稿评选的基础上，增设季度好稿和年度好新闻奖，并设立总编辑嘉奖基金，对社会影响较大的重大策划和好作品进行重奖；注重对重大融媒体主题报道的及时复盘，总结经验、分析得失、查漏补缺；组建萧山日报融媒矩阵"四力"监测评估小组，对每周融媒新闻报道、政务商务服务策划等作监测，进行传播力、引导力、影响力、公信力评估。

加强内容建设的成果是显著的：仅 2021 年上半年，萧山日报的新闻宣传项目就获得省市区领导的批示肯定 7 次；在 2020 年度各级新闻奖评选中，有 3 件新闻作品获浙江新闻奖，15 件作品获杭州新闻奖；萧山日报融媒体图片编辑团队荣获 2020 年中国抗疫图片（影像）编辑先进集体称号。

五、结语

面对前所未有的大变局、大变革，坚定不移推进媒体深度融合是主流媒体责无旁贷的光荣使命。萧山日报作为区域性党媒，更应强化责任担当，在推进媒体深度融合发展的大潮中勇做"弄潮儿"，在进军主战场的第一方阵中当好主力军，坚持正确舆论导向，讲好精彩萧山故事，努力构建网上网下同心圆，让正能量更强劲，让主旋律更高昂。

（本文发表于《传媒评论》2021 年第 10 期）

疫情冲击下实现新增长，萧山区域党媒提升竞争力

陆伟岗

席卷全球的新冠疫情，既是挑战，也是机遇。如何应对挑战，则决定着我们是破局，还是出局。

作为一家服务基层的区域媒体，萧山日报以杭报集团"三个年"专项实践活动为指引，紧紧围绕"学改转优"这根主线，抢抓变化中的"窗口期"，坚持强化用户思维、改革思维和强基思维，积极应对内容传播、体制机制、队伍建设三大考验，用主动谋变、因势革新的实践来回答"干什么、怎么干、谁来干"的考题，奋力开创"十四五"高质量发展的新局面。

2020 年，萧山日报获得市级以上奖项 120 多个，在抵御巨大冲击的同时实现了营收新增长。

明需求：以"用户思维"提升圈层影响力

疫情的冲击改变了舆论场，渠道的开放加剧了新闻战，信息的混杂考验了专业性。如何在新的舆论场中占据有利地位，提供优质内容，引导好当地的舆论生态，是基层媒体面临的最直接的考验。

一是立足党政需求，凸显主流声音。第一时间组建由总编辑领衔的特别报道小组，集中多部门的 50 多名精兵强将，进驻指挥部、深入各镇村，探访隔离点，全天候、全方位、全媒体地开展疫情防控宣传和权威信息发布，使萧山日报传媒矩阵成为区委、区政府指挥抗疫的主要发声渠道（见图 1-4）。同时，深入调研、主动分析，向区委、区政府报送内参，为政府决策提供有效依据。

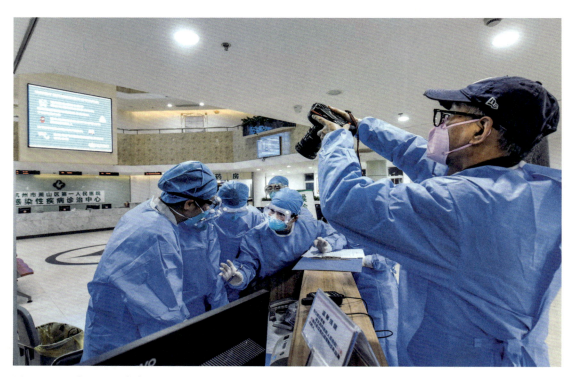

图 1-4 记者深入"战疫"一线

二是立足基层需求，讲好一线故事。疫情前所未有，各基层组织在硬核抗疫中各显神通，迫切需要交流展示。报社政务驻站人员坚守一线，在开展"陪伴式"的基层融媒体宣传中精耕细作"新闻 + 政务服务"，抗疫初期策划了 40 多个《众志成城战疫情》专版、H5 特辑，专版、特辑数量超过了上年同期。这既及时反映了基层战疫的生动画面，也很好地稳住了政务合作的基本盘。

三是立足受众需求，丰富内容产品。疫情之下，受众对权威疫情信息、政府最新政策、卫生防疫知识等方面的需求十分旺盛，萧山日报共策划刊发专版 178 个，制作了大量的漫画海报、H5 等，推送数字产品 1.5 万余条，每天 24 小时提供内容服务，在"战疫"报道中，新媒体平台一举收获 10 万多新用户。

经此"战疫"，以需求为导向的内容生产既扩大了融媒传播的影响力，又积累了广泛的粉丝和用户；既锤炼了宣传经营队伍，又为推进融合转型奠定了基础。

优机制：以"改革思维"强化内容生产力

在媒体融合发展的顶层设计中，"主力军全面挺进主阵地"的要求十分明确。如何优化机制，加强资源统筹，做强网络平台，占领新兴传播阵地，对纸媒起家的传统媒体是更深层的考验。

经过深入调研，萧山日报在 2020 年 5 月底全面推进了新一轮机构改革和机制调整。这次改革以"加快媒体融合、推进业务整合、实现统分结合"为原则，用大部制重构功能板块，按融媒体重构采编流程，以促转型重构考核体系，平稳进行人员的双向流动，努力以更优的机制，实现四个"全"的目标。

一是全面入驻。坚持"报网并重、纸数共进"，把萧山发布 App 作为融合传播的头部平台，将 20 多个报纸精品栏目和政务、文化、教育、金融等行业经营类的内容全面"入驻"App，强化了纸媒和数媒的融合传播。

二是全员转型。集中文字、摄影、摄像记者，考核向新媒体原创稿倾斜，鼓励跨界，增设季度、年度好稿专家评选，鼓励记者、编辑创作优质产品。陈蓉副总编带头到一线直播带货，孟再励副总编牵头融媒体报道，记者、编辑纷纷尝试拍、录、剪和出镜主持，一批小编、小记成为"网红"。

三是全案策划。充分依托融合后的平台优势，为镇街部门和相关行业提供全案策划，提高政务服务的影响力和经营推介的竞争力，打响了"@萧山·原味生活节"等融媒经营新品牌。

四是全媒呈现。发力视频传播，抖音号、视频号全面上线，迅速吸粉，形成"7+3+X"的融媒体传播矩阵，通过每周总编轮值、编务例会等机制的保障，各媒体端口的发布重点突出，分发有序。推出的"奋力打造'重要窗口'示范样板""亚运兴城""走向我们的小康生活"等20多组重大主题报道全部实现多媒联动，有力提升了传播效果。

体制机制的优化，推进了萧山日报内容供给侧结构性改革。对比改革前，新媒体原创稿件数量实现翻两番，记者发稿中文字、图片、视频数量考核分的占比优化为5：3：2。

强队伍：以"强基思维"释放人才创造力

面对新的传播要求、新的技术发展、新的用户需求，如何锤炼一支政治过硬、本领高强、求实创新、让党和人民放心的现代传媒运行团队，为持久稳健发展提供强有力的智力支撑，是对传统媒体最根本的考验。

立足于打造适应媒体融合、具备全面作战能力的萧报铁军，萧山日报大抓队伍建设。一是厉兵秣马，强化学习机制。制订全年计划，推行积分管理，以干部领学带动全员学习，构建起干部领学、中层讲学、部门互学、专题考学、员工自学的学习体系。月度行政例会确定学习主题，班子带头领学，中层交流发言；各部门推行双周学习，用新闻宣传知识考试检验学习成果。二是优选人才，强化梯队培养。缺岗补员，优化结构，组织两轮公开招聘，经过严格考察，择优录取融媒体采编人才。开展"师徒结对"，以老带新，加快年轻记者成长。以"实绩论英雄"，开展首席、主管竞聘，打开晋升通道。三是丰富载体，塑造健康文化。

以党建带动团建，共建健康向上的团队文化。组织开展"湘湖毅行"、"七一红色基地行"、萧报健身日、记者节团队竞赛、"新时代新作为"演讲比赛、抖音短视频大赛等活动，提升团队凝聚力，激发员工创新力。

萧山日报在时评网评联动、评奖软件开发等方面创新动作频出，《亚运》《湘论》《文化》等一批融媒体策划令人耳目一新，在"亚运国际城，数智新萧山"建设征程上发出了萧山日报强音。

萧山日报更加清醒地认识到：唯有变化是永恒不变的，只有主动把握，变局才能转变为机遇。2021 年，萧报人马不停蹄，区两会融媒体报道、"亚运兴城"攻坚年、"茬"话汇等一批重点项目有序开展；萧山日报智媒服务临浦分中心成立，开创了萧报"新闻＋政务服务商务"的合作新模式。

在集团党委"三年六行动"统筹部署下，萧山日报搭建起六大载体，深入实施顶层设计大优化、融媒宣推大比武、产业创新大评选、新媒体平台大升级、"四力"体系大建设、企业文化大创新六大行动，全力谱写"十四五"的精彩开篇。

党建领航聚合力　融合创新强动力

——萧山日报加强党建推进媒体融合的实践与探索

陆伟岗

移动互联时代，党报党刊正面临社会转型期和传统媒体转型阵痛期的叠加压力。"迎接全媒时代，推动深度融合"已不再是一个口号、一种选项，而是媒体生存发展的必由之路。

在媒体融合向纵深发展的大趋势下，如何发挥党建工作的引领作用，是报业转型升级发展中的核心课题。萧山日报作为党的"喉舌"，始终坚持把党管媒体、党管意识形态贯穿于媒体融合发展的全过程，正确把握主流媒体开展新闻舆论工作的方向目标、重点任务和基本遵循，确保方向不移、导向不偏、取向不变，以党建促融合，全面推动萧山日报融合发展，行稳致远。

一、坚持"党媒姓党"，夯实思想之基

党的新闻舆论工作是党同人民群众联系的桥梁与纽带，党媒作为传播党的声音的主战场、主渠道，理应旗帜鲜明、守土有责，锚定正确航向。不管媒体怎么改革、怎样融合，传播形态如何发展、如何演变，萧山日报始终坚持党性原则不动摇，坚持党媒属性不动摇，用党的创新理论武装头脑、指导实践，办党和人民

满意的媒体。

以学习教育武装思想头脑，保持政治定力。近年来，萧山日报党总支组织全体党员认真学习党的十九大，十九届二中、三中、四中、五中全会精神和习近平总书记系列重要讲话精神，以开展"不忘初心、牢记使命"主题教育和党史学习教育为契机，突出问题导向，推进思想政治建设和作风建设常态化。在"不忘初心、牢记使命"主题教育中，报社党政班子在深入学习理论和扎实开展调研的基础上带头宣传宣讲，党总支组织全体党员开展主题教育交流研讨会、参加主题教育理论测试和"学习强国"学习竞赛、参观中国共产党杭州历史馆，引导党员强化党性修养，坚定理想信念。2021年，党史学习教育在萧山日报全面铺开，有序推进"六个一"活动，即一堂"学习党史守初心，奋力开启新征程"党课、一趟庆祝中国共产党成立100周年红色党史之旅、一场庆祝中国共产党成立100周年征文（演讲）比赛、一次入党积极分子座谈会、一堂"重温誓言"宣誓仪式和一系列"汲取党史奋斗之力，矢志践行初心使命"微党课，实现了集中性教育向经常性、全员性教育延伸。党史学习教育中呈现出的新气象、新成效，也汇聚起了推动报社融合转型的正能量。

以党的理论指导新闻宣传，传播党的声音。习近平总书记在党的新闻舆论工作座谈会上强调，报刊、通讯社、电台、电视台、新闻网站的所有工作都必须体现党的意志、反映党的主张，必须维护党中央权威、维护党的团结，做到爱党、护党、为党。[①] 萧山日报坚持从讲政治的高度抓好新闻舆论工作，认真将党管媒体、党管意识形态的要求落实到每一篇稿件中、每一个版面上、每一个网页间，用心宣传党的政策，传递党的温暖，传播党的声音，做到准确发声、权威发声、及时发声。特别是在新中国成立70周年、中国共产党建党100周年等重大主题宣传报道中，精心策划并推出"我与国的故事""70·喜看生活巨变""百年风华 奔竞

---

① 习近平：《论党的宣传思想工作》，中央文献出版社2020年版，第182页。

萧山""寻访萧山百年红色印记"等一大批新闻内容优质、呈现形式多样、传播手段丰富、社会影响力广泛的主旋律报道,深入践行"政治家办报"的时代使命。

以"党建双强"夯实党建基础,巩固战斗堡垒。牢固树立抓好党建是最大政绩的理念,自 2019 年起大力实施"党建双强"工程,号召各支部结合实际,挖掘特色,通过创建培育、过程管理、岗位建功等方式,开展党建特色品牌创建活动。管理支部积极创建"管理效能型支部",采编支部创建"媒体融合先锋岗",经营支部创建"争做转型主力军"特色支部,萧山网支部创建"融入主战场,守好主阵地"特色支部……党总支还创新"党建 +"理念,各支部在每月"三会一课"的基础上,利用自身优势,下基层送培训、送公益服务。面对突发的新冠疫情,广大党员干部主动请缨,有的参与社区防疫志愿服务,有的深入一线隔离点采访,党员们在各自岗位上发挥模范带头作用,"最强党支部""先锋党员"不断涌现,党组织战斗力不断增强。

二、深化融媒改革,把牢方向之舵

推动媒体融合发展,是以习近平同志为核心的党中央作出的重大决策部署。2020 年 9 月,中共中央办公厅、国务院办公厅联合印发《关于加快推进媒体深度融合发展的意见》,明确提出,要加快构建网上网下一体、内宣外宣联动的主流舆论格局,尽快建成一批具有强大影响力和竞争力的新型主流媒体。萧山日报按照意见的要求,定好融合改革音准、把稳融合改革方向,扎实推进融媒改革,加快挺进舆论主战场。

实施机构改革,加快一体发展。2020 年,萧山日报以"加快媒体融合、推进业务整合、实现统分结合"为原则,实施了新一轮机构改革和机制调整。这次改革,打破了传统媒体与新媒体之间的壁垒,以大部制的形式重构各功能板块,从原先只有一个部门探索融媒体，过渡到全员从事融媒体。报社以融媒体指挥中心为总调度，重塑采编流程，推行每日会商制、每周编务例会制，总编按月轮值，加强对前后端的统筹协调，强化各媒体端口的题材策划、力量整合与报道融合，所有原创内容根据不同平台特点实现分层级编发，精准推送。在考核导向上，突出向新媒体和本土原创稿件倾斜，鼓励记者全面转型。

构建融媒矩阵，推进融合传播。面对"终端随人走、信息围人转"的信息传播新态势，报社坚持移动优先策略，加大移动端的优化布局。以萧山发布 App 为融媒主平台，全面打通各端口内容生产，原先开设在纸媒上的 20 余个名栏目、名版面，以及文化、政务、教育、金融等行业类栏目全面"进驻"App，强化纸媒和数媒的融合传播。围绕打造"全程媒体、全息媒体、全员媒体、全效媒体"的融合发展要求，构建起了"7+3+X"的融媒体矩阵（"7"是指萧山日报、萧山网、萧山发布 App、萧山日报微信公众号、萧山日报官方微博、萧山日报抖音号、萧山日报视频号等 7 种类型的新闻传播平台；"3"是指学习强国萧山供稿中心、弄潮儿·云厅（区基层理论学习宣讲平台）、网络问政平台三大政务服务平台；"X"是指 X 个商务服务类新媒体群），让图文、短视频、直播、动漫、H5、手绘等内容产品在全媒体各端口实现立体式传播。

推进内容供给侧结构性改革，提升新闻"四力"。定位"精品党报、优质阅读"，大力推进内容生产供给侧结构性改革。坚持纸媒专版化、栏目品牌化、采编分众化，精心打造《湘论》《深读》《调查》《文化》《亚运》《天下》等品质专版；开设《记者跑市场》《寻找新势力》《连线智库》《千与千寻》等品牌栏目；外派优秀记者进驻镇街、部门，打造下沉式服务平台，为合作单位提供"陪伴式"融媒宣传服务。为提升采编人员精品意识，加大质量考核激励力度，在原日好稿、月好稿评选的基础上，增设季度好稿和年度好新闻奖，并设立总编辑嘉奖基金，对社会影响较大的重大策划和优秀作品进行重奖。注重对重大融媒体主题报道的总结复盘，分析得失、查漏补缺，组建融媒矩阵"四力"监测评估小组，对每周融媒新闻报道、政务商务服务策划等进行监测分析，全面评估内容产品的传播力、引导力、影响力和公信力。

三、提升人才素质，激发动力之源

媒体竞争关键是人才竞争，媒体优势核心是人才优势。培养一支政治坚定、业务精湛、作风优良、党和人民放心的新闻从业人员队伍，是基层媒体党建工作的重要内容。围绕做大做强做优新型主流媒体，提升核心竞争力，萧山日报坚定不移强化采编人员政治素养，强化全员学习培训与实战练兵，全力锻造适合媒体融合发展的铁军队伍。

在岗位上培养人才。报社在每年年初制定全年培训计划，推行积分管理，构建起干部领学、中层讲学、部门互学、专题考学、员工自学的学习体系。每月开展行政例会学习，确定学习主题，班子带头领学，中层互学交流；各部门根据自身工作特点，建立双周学习制；不定期举办"萧报大讲堂"，由业务带头人开展专题讲座，传授优秀经验。为加快采编队伍转型，组织开展以视频制作、图片摄影为重点的全员技能培训，并用"理论＋实战"的考试检验学习成果。对新进人员制定具体的成长计划"青橙计划"，开展以老带新的"师徒结对"，帮助年轻记者成长成才。

在使用中造就人才。坚持以"实绩论英雄"，推出首席、主管评聘制度，提拔重用道德品质优、业务能力强、勇于挑重担的优秀人才，打开员工晋升通道，壮大中层干部队伍，夯实推动报社发展的中坚力量。开展产业创新大评选，研究创新项目用人机制，并组建"阿米巴"团队，最大限度盘活人才资源。为推动可视化战略进程，报社打破部门界限组建若干视频小组，成立"几维"视频研究会，创新启动"主播计划"，在内容制作实战中提升视频生产能力，培育萧山日报"网红"和优质视频栏目。

在活动中凝聚人才。坚持以党建带工建、带团建、带妇建，塑造健康企业文化。工会、团总支、妇联组织积极开展采编纠错、演讲比赛、抖音短视频大赛等技能比武，设立"巾帼文明岗"，组建骑行毅行、太极养神、乒乓球、羽毛球、棋类、歌咏等6个文体俱乐部，举办萧山日报健身日、三八节采风、七一红色基地行等丰富多彩的员工活动，充分发挥工团妇组织的桥梁纽带和生力军作用，提升团队凝聚力，激发员工创新力。

四、严守纪律规矩，扎深信念之根

当前，舆论宣传工作的主渠道、主阵地、主战场正在发生深刻变化，主流媒体只有以讲政治、守纪律这根"红线"作保证，才能在宣传舆论工作中体现党的意志，反映党的主张，维护党中央权威。为此，萧山日报坚持把增强政治意识、大局意识、核心意识、看齐意识作为重大政治原则来贯彻，作为严格政治标准来执行，并将其作为履行意识形态工作责任制的重中之重。

织好党风廉政建设"责任网"。切实抓好"讲忠诚、有担当、守纪律、善作为"的党员干部和新闻从业人员队伍建设，制定出台《萧山日报社党风廉政建设、完善惩治和预防体系工作组织领导及责任分工的通知》，明确领导班子党风廉政建设的"主体责任"和"一岗双责"，并把党风廉政建设纳入领导班子重要议事日程，与业务工作同部署、同落实、同检查、同考核。每年年初，报社与各部门（公司）负责人签订《党风廉政建设责任书》，形成层层传导压力、层层抓好落实的责任体系。

加强新闻宣传纪律教育。把强化采编人员新闻宣传纪律教育作为主要内容，持续深入开展"走转改"、坚持"三贴近"，进一步修订完善《萧山日报新闻宣传口径管理办法》《萧山日报关于各媒体采编发流程及审核的规定》《萧山日报关于进一步加强各媒体出版安全的规定》等制度，强化新闻内容的把关防错。2020 年底，开展为期一个月的新闻宣传纪律专项教育，通过专题学习、风险自查、系列讲座、心得撰写、"新时代新作为"主题演讲和新闻宣传纪律考试等行动，帮助全体采编人员从思想上、认识上、行动上真正解决立场、观点和方法问题，不断增强"四个意识"，更好履行新闻舆论工作的职责使命。

强化监督检查与风险防控。报社纪检组充分发挥监督职能，积极介入报社"三重一大"事项的监督检查；每年开展重点岗位廉政风险点排查和预防工作；落实新提任中层干部的廉政谈话制度和重要节点提醒谈话制度；每季度开展廉政风险舆情分析，强化廉政风险防控，筑牢党风廉政建设防线，着力打造忠诚、干净、担当的新闻宣传队伍。

党建领航风帆正，媒体融合行至远。面对前所未有的大变革，萧山日报作为区域性党媒，将始终不忘初心，忠诚履行党媒的职责使命，切实强化责任担当，努力做好"党建＋融合"文章，以党的建设成果推动新闻工作的改革与创新，在推进媒体深度融合发展的大潮中勇做"弄潮儿"，在进军主战场的第一方阵中当好主力军。

（本文发表于《中国报业》2021 年第 19 期）

融媒宣推磨炼技能，纸媒转型如何精准发力

朱琳锃

2021 年 9 月 26 日下午，萧山日报九楼会议室和一楼餐厅内正在进行一场紧张的考试，班子领导带头参加，每位员工认真答题，完成"萧山日报可视化传播专项培训公共知识考试 A 卷"。

2021 年 8 月底，萧山日报启动了全员可视化传播专项培训。全体员工通过专业书籍和在线教程自学、"线下讲座 + 答疑辅导"等方式完成了公共技能的业务学习，并利用中秋假期拍摄照片和视频，制作完成了实操训练，实操作品全部提交到报社图片视频库。

萧山日报不断探索创新业务培训形式，提升记者、编辑的创作与生产能力，丰富新闻宣传表达方式，加快可视化转型步伐。同时，积极搭建记者、编辑转型的重要练兵场，于 2021 年 3 月推出贯穿全年的"融媒宣推大比武"活动。

融媒宣推大比武由报社总编辑牵头，分两个阶段实施。第一阶段为策划实施阶段，以报社业务部门参与为主，灵活组建项目小组，围绕融媒宣传、政务商务推介来策划项目方案并提交审核，要求项目利用全媒体矩阵，坚持纸媒数媒一体化传播，重点加强与用户的连接互动。第二阶段为展示评比阶段，通过对项目绩效的科学评估，奖优罚劣，强化融媒体品牌的形象包装与宣传推广，全面提升萧山日报融媒品牌的传播力和影响力。

　　融媒宣推比武的最终目的，是有效整合力量、充分利用资源，有序推出线上线下互动的融媒体宣传推介活动，从而充分发挥重点融媒传播项目的带动作用，推进纸媒与新媒体在体制机制、内容生产、流程再造、采编体系上的融合与协同，推进主流媒体从"独、专、特"的传统特质向"广、全、优"的全媒特色转变，增强媒体"四力"。

　　截至 2021 年 9 月底，已实施项目 16 个，占年初计划的 80%，回顾已经实施的项目，有以下几个特点。

一、全案策划，一体化实施

　　融媒宣推比武项目重点围绕四大类：一是重大主题宣传策划类，如"寻访萧山百年印记""对话百年萧山"特刊、少年党史课进校园等；二是媒体融合项目类，如《萧报圆桌汇》《"茬"话汇》；三是特色会展活动类，如"@萧山·春季原味生活节"、小记者游萧山；四是政商综合服务类，如镇街智媒体临浦分中心挂牌、大学生创业节等。

　　策划是宣传的根基。优秀的新闻宣传离不开有深度有维度的创新策划，离不开全方位、立体式、多角度的融媒宣传及主题活动。全案策划包括新闻宣传报道计划、与用户连接互动的线下活动、创新的内容产品、整体活动的宣传推广等全流程策划，争取做到策划一个项目打造一个品牌，实现栏目、活动的品牌化。

　　以《萧报圆桌汇》为例，目前已进行了四期，每一期都作了充分的准备和精心的策划。该项目利用报社积累多年的基层社区资源——萧报热线进社区，结合萧报新媒体宣传矩阵，进行问需问计，积极探索线上线下相互引流的新模式。

　　第一期关于老年食堂，项目负责人在前期走访调研中发现社区老年食堂是市民关注的热点，结合 2021 年的民生实事确定议题内容后，线上由萧山日报官方微信公众号、萧山发布 App 等新媒体发起话题讨论，线下挨个走访 8 家单位，与相关负责人和居民代表进行充分沟通，在这过程中不断完善方案。因栏目"接地气"，加上前期沟通充分，首期圆桌会现场进展顺利。当天，由项目策划人担任主持，萧山发布 App 进行图文直播《萧报圆桌汇：老年食堂如何建？》，萧山日报微信公众号、报纸等相继发文，从破解老年人吃饭难、兼顾公益性和营利性、实现长效运营等方面展现各方声音。一周内，有关老年食堂的内参报送区四套班子领导。

萧报圆桌汇通过"线上＋线下"的形式，以图文直播、视频发布、纸媒专题等融媒体方式呈现，同时借助微信等社交平台，实现"刷屏"的二次传播。把关系民生的实施项目放到桌面上来探讨，通过新闻引导舆情，通过内参为政府施政提供参考，探索了融媒体时代更高效、透明、公开、客观的政府与百姓沟通的渠道。

二、全媒传播，可视化呈现

融媒宣传推广项目注重全媒体平台一体化发布，打好融媒宣传"组合拳"，实现平台的融通和内容的共享。通过把控发布节奏，创新宣传报道形式，尤其注重可视化呈现，实现传播效益的最大化。

无论是报社的媒体平台，还是部门运营的垂直类新媒体平台，从预告海报、导读、视频、报纸和新媒二维码相互引流，到设置话题增加互动，开展寻访、征集、征文等线下活动，实现了从单一报道到立体报道、从单纯媒体报道到报道与活动相结合的转变，通过记者出镜、对话等形式让报道更有贴近性、更有感染力。

围绕建党百年重大主题，报社启动"寻访萧山百年印记"融媒项目。从 2021 年 4 月下旬到 7 月 1 日，用单元剧的形式展现了萧山革命者的觉醒历程。回望百年萧山，如何让更多的人特别是年轻人了解历史？项目小组以"网络化"和"年轻化"为目标，运用多种融媒体手段，打造了一批有创意、有品质的融媒内容产品。

以手绘海报为"锚"，定位寻访萧山红色印记的方位；运用相关镇街地图，在地标位置手绘了场馆和主要人物，并附上简介。除图文报道外，还采用视频和 MG 动画两种形式，新媒体小编出镜介绍红色场馆。活动收尾时还推出 H5，串联起走过的七镇九村十馆，成为建党百年重大主题报道中的一个亮点。

国庆期间，报社首推连续 8 天的"主播带你逛萧山"直播活动，六大主播带市民"云游"萧山：在湘湖边送祝福、在帐篷营地沐心岛看日落、在红色沃土衙前走街串巷、走进楼塔稻田音乐节、观看高帆杯摄影大展、和五星大厨学做醉蟹醉虾、打卡印力汇德隆奥体印象城和森与海之城。8 天直播时长总计 438 分钟，"2 万 +"网友观看，点赞"10 万 +"，留言 3000 多条，相关短视频阅读量"7 万 +"人次。整个项目由值班总编统筹，临时组建 8 个项目小组，提前策划培训，出镜主播、摄像、记者、编辑、技术等来自报社采访中心、发布中心、政务中心、经营中心、技术中心等部门，是报社可视化转型的又一次大练兵，有力地提升了萧山日报视频号的人气，有效地扩大了萧山日报融媒矩阵的影响力（见图 1-5）。

图 1-5　2021 年国庆期间，推出连续 8 天的"主播带你逛萧山"直播活动

三、全员发力，项目化运作

各部门立足实际，采用"阿米巴"式的灵活组团方式，成立相应的项目小组，开展融媒宣推项目。报社根据实际，充分赋予项目组进行运作的权力，如方案修正、成员分工、平台发布的节奏等，并根据项目需求，全力组织协调，提供宣传、技术支持。在项目推进过程中，报社不断创新业务培训形式，针对一些重点项目，通过召开复盘会及时总结经验、分析不足，提升业务能力，推进后续工作的改进。并于2021年8月底启动了全员可视化传播专项培训。

北京冬奥会期间，报社策划推出相关融媒体项目。由发布中心主任担任项目负责人，集合了2位记者、5位主播、1位报纸编辑、2位新媒编辑、1位美编等不同岗位的人员。项目小组人员多次召开策划会，一体策划，反复论证，多轮修改，设计了不少互动内容产品，如每日答题、"主播到现场"等。通过多媒体矩阵，推出奥运专版14个（见图1–6），观赛日历20篇，资讯信息121篇，"主播说奥运"19期，新媒体互动创新产品15条，互动答题参与人数6000余人，抖音短视频《萧山这所学校出了很多奥运冠军》阅读量"47.5万+"人次。

移动式、多媒体联动的舆论监督栏目《"茬"话汇》由经营中心策划实施，在实施过程中得到了采访中心、发布中心的全力支持。该栏目的采编审核发布突破原有流程，稿件经过项目组记者采写，项目组负责人初审，值班主任审核，专职编委审核，值班总编终审等审核关口。稿件在萧山发布App、萧山日报微信公众号、爱萧山·逅嘻抖音号、《萧山日报》民生版块发布后，促进了相关消费纠纷的妥善解决。

萧山日报

奥运

看冬奥会 迎亚运会

2022年2月6日 星期日

首金到手！
中国队勇夺短道速滑混合团体接力冠军

昨晚，在首都体育馆举行的北京2022年冬奥会短道速滑项目混合团体接力决赛中，中国队夺得冠军，这是中国代表团在北京冬奥会上的首金。

荷兰选手斯豪滕获速滑首金

冬奥会冬季两项混合接力赛挪威队夺冠

短道速滑女子500米、男子1000米预赛
中国选手顺利过关

今日看点：冰雪强国争7金 中国军团求突破

挪威选手特·约豪格摘得北京冬奥会首金

本版文字图片均采自新华社

图 1-6　冬奥会专版

四、全面创效，品牌化运作

融媒宣推比武，以新闻宣传为切入点，整合资源，创新产品，突出融媒传播项目在连接用户、提升"四力"方面的引领作用，提升报社整体的品牌影响力，实现了较好的社会效益、经济效益。

萧报圆桌汇项目的两篇内参分别受到区委、区政府主要领导的批示肯定，取得了较好的社会影响力；"寻访萧山百年印记"在各平台总阅读量超过 70 万人次，获得了较好的传播效果；少年党史课进校园项目在短短一个月内十进校园，听讲师生累计达 2000 多名，收到征文 400 多篇；与区档案馆合作策划推出的"百年潮涌·档案见证"项目在 4 个月内，征集档案 3000 份。

在融媒宣推项目的推动引领下，全员的融媒体意识、可视化理念在不断增强，记者、编辑的转型速度在加快，新媒体技能在实践中不断提升。在 7 月的防汛抗台报道中，萧山日报第一时间成立 30 多人的特别报道小组，启动融媒体直播滚动报道模式。6 路记者奔赴防汛抗台第一线，开展视频出镜报道，各发布平台及时、准确、高效地开展宣传报道，全面反映全区上下协同一心防汛抗台的场景。

下一阶段，融媒宣推大比武将继续推进项目实施，同时通过制订科学、全面的评价标准来评估项目实施的成效。通过项目实践，进一步优化媒体融合工作——

进一步强化融媒传播和全媒发布指挥体系，细化策采编发流程，实现融媒传播质量效益的可控、规范和严密；

进一步明晰新闻宣传产品的生产模式，强化效率，形成操作、应急、评价、考核体系；

进一步强化队伍建设，组建攻坚小组、融媒体工作室，充分发挥团队作战优势，在业务实践中快速提升采编骨干的策采编播等能力；

进一步建构精准覆盖的全媒体宣推互动载体，组合产品，确定立体交互传播的流线图、表格等，将融媒宣推比武中形成的经验留存优化。

深度融合＋专业策采，融媒体工作室催化内容创新

金　波

　　抢抓"融合新阶段"的机遇，呼应杭报集团"内容产品精品锻造工程"的方向，2022年以来，萧山日报积极探索报、网、手机端各媒体矩阵深度融合的创新形式。2022年4月，试水融媒体工作室机制；5月，各工作室正式运转；4个月后，时政、民生、深读、文体、视觉、视频工作室运转已经渐入佳境。灵活的运行机制激活了人员的潜力，专注的项目化使内容生产趋于专业化。

工作室创新在哪里？
打破部门框架、按需组队

　　萧山日报在册员工160余人，除10余人外派至下属子公司外，三分之二的员工集中在采访、发布、经营、政务四大中心，其生产的内容供给纸媒、微信、微博、App、政务代维等多个平台。在前期做了最大限度的倾斜后，4个核心部门的人力资源仍显不足。与此同时，后勤、行政、技术等部门中的一部分员工在长期的媒体环境熏陶下，积累了内容生产的基础技能，也在实际的工作场景中，与新闻现场零距离接触，具有了生产内容的可能性。但另一方面，他们又无法脱离原有

岗位。

因此，充分调动全体员工创作积极性和提高创作能力，让所有有能力有意向的员工，能灵活参与内容生产项目，最大限度、最小投入地满足日益增多的媒体产品生产，是萧山日报这一轮深化融合的初心。

经过前期充分调研，综合各媒体平台在人才、技术、业务等领域的特点，深入探讨各媒体平台的发展方向，在精准排摸员工技术特长、职业规划的前提下，萧山日报创新团队组合形式，以部门为核心基地，又打破部门框架，灵活调用人员，根据产品的不同内容分类，成立了时政、深读、民生、文体、视觉、几维视频六个工作室（见图1-7）。各工作室的组成包括隶属于采访中心的核心成员以及因项目需要临时从其他部门抽调的机动成员。各工作室核心成员，可以专职也可以兼职。这就形成了报社内部员工一专多能（岗）的构架，具备了可根据个人的技术特长多岗创作的可能性。

图1-7　成立六大融媒体工作室

例如，深读工作室的首席评论员爱好体育。他既是深读工作室的核心成员，主要承担报社时评的撰写；又是文体工作室体育版块的跑线记者，在举行重大体育赛事时，采写体育类报道。事实上，专职评论员或是专职体育记者的工作量都是不饱和的。在实际的运行中，这样的一专多能，既兼顾了两个岗位的工作，又避免了人力浪费。此外，隶属于发布中心的编辑岗上有资深编辑对重大主题、时政动态具备深刻洞察力和深厚理论功底，在重大事件评论中，亦能发挥特长，撰写沉稳又经得起推敲的政论文章，成为深读工作室评论版块的重要人才支撑。

又如，在报社后勤岗中，驾驶员往往能跟随记者一起前往事件现场，在单个项目运行时，也会成为直播小组的一员，负责场记等外围工作，个别能力强、特长明显的驾驶员，甚至可以成为摄影的有力补充。在实际的运作中，隶属于社办的专职驾驶员成为视觉工作室的补充人员，利用停车等候的时间，拍摄了大量的图片，在摄影版块上呈现。

在项目面前，工作室牵头人可以调动一切愿意且有能力参与的人员，为内容生产服务。如文体工作室组建后，实际核心人员不到4人，其特长集中在文体类新闻的文字撰写上。但各融媒体平台需要形式更加多样化的内容产品。工作室以纸媒优秀栏目《夜航船》为核心，推出了副刊作品融媒体化的项目。在工作室牵头人的协调下，视觉工作室的美工承担了为副刊作品创作插画的工作，政务中心的驻站记者利用业余时间将文字作品转化为音频内容。所有参与项目的人员，都由工作室计分考核，这部分绩效考核独立于本职工作的绩效，意味着非采编口人员可根据对采编项目的贡献，分享采编考核绩效。

不破不立，在行政架构上保留原有部门规制、在内容生产上打破部门限制、根据项目需要灵活组建的工作室运作模式，充分调动了全体员工的积极性。在以核心团队保证核心工作任务的基础上，以工作室为牵头单位，整合分散在非采编部门的碎片化生产力，提高内容生产能力。

工作室出什么成果？
因为专注所以专业

萧山日报融媒体工作室机制运行不到半年后，在不断探索磨合的过程中，逐渐呈现出术业有专攻带来的成效。

工作室牵头人成为各领域的领军人物。时政工作室牵头人，专注时政新闻的融媒体策划采写，在面对区内重要会议和重大主题时，例如萧山全面实施数字经济"一号工程"、全区助企纾困产业链发布大会等选题，及时准确策划安排各融媒体产品的生产，调动时政采写力量，权威发布形式多样的图文视频信息，其采写的《兵团化作战：萧山擎起"八面红旗"》引发广泛关注，成为爆款。民生工作室牵头人，研究民生领域的媒体发布规律，对民生选题有准确的判断力，擅长根据不同的题材策划不同的传播形式和载体。在萧康爱心校服选题中，工作室牵头人抓住了爱心公益中触动人心的关键触点——"3 杯咖啡＝一套校服"，有计划有节奏地通过直播、互动、连续推送、纸媒背书等多渠道多角度发动，成功筹措44 余万元，为康定的中小学生定制了近 3000 套校服，积极做好公益报道，拉近了两地人民的情感距离。视觉工作室牵头人，从文字岗转型后迅速进入角色，策划组织实施的《萧山知识知多少》栏目，用办公室答题游戏的方式，把文化品牌宣传转化成年轻人易于接受的表达方式，每一期的完播率达到20% 以上（一般短视频的完播率在 5%～6%），成为视频号上党媒主流媒体中难得的爆款栏目。

迅速成长的工作室牵头人认为：专业能力的提升，主要得益于专注。工作室成立后，明确了各自的专攻领域。因为专注所以专业。工作之余，会对工作室牵头负责的相关内容特别留意、有意识地进行系统思考。

同样的情况出现在核心团队的业务提升上。时政工作室的核心团队，平均年龄不到 30 岁，专攻时政不到半年的时间里，对时政内容的把控能力明显提升。记者黄婷进入报社不到两年，已成为独当一面的时政记者，参与区政府主要领导及交通条线的报道，综合能力非常突出。视觉工作室的首席视频专员出生于 1996 年，用有共同爱好的社群思维组建项目团队，集合了部门内外志趣相投的年轻人，共同筹划《萧山知识知多少》栏目，把工作变得更加有趣。

萧山日报融媒体工作室的运行机制，刚刚出发、还需探索。激活报社内部"沉睡"的智力资源，整合一切可以利用的碎片化人力，适应瞬息万变的媒体变化，是一条需要上下求索的未知之路。同时，让智力投入转化为优秀创意，让优秀创意转化为内容竞争力，进而转化为产出，还需要更加开放性的思维。专业的人干专业的事，专业的产品引发关注度，关注度激活市场需求，已经初见成效。

媒体融合背景下，区域媒体如何打造全媒体通讯员队伍

钱 嫣

2022 年 6 月 17 日，在萧山日报一年一度的通联工作总结表彰会上，77 名通讯员被评为 2021 年度十佳、优秀、积极通讯员和优秀、积极副刊作者，32 人被聘任为报社 2022—2023 年度特约通讯员。其中，有扎根基层 30 多年的宣传"老兵"，也有毕业不久就担负着单位宣传重任的"新兵"。他们是萧山日报新闻宣传队伍中一股强大的"编外"作战力量（见图 1-8）。

图 1-8 2022 年，聘任新一批特约通讯员

媒体融合背景下，如何凝聚好这股力量，发挥出基层通讯员的最佳战斗力？作为与基层最贴近的区域性党媒，萧山日报坚持"聚力、共享、赋能"，以"主力军"（报社采编队伍）带动"同盟军"（通讯员队伍），共同建强舆论宣传主阵地。

聚力，广拓"朋友圈"

人人有麦克风的时代，一部手机就能完成信息的生产、传播和接收，我们还需要通讯员吗？答案当然是肯定的。越是主流媒体，就越要把新闻宣传的触角向下延伸。扑面而来的海量信息中，那些来自现场、鲜活的第一手信息最能吸引用户，而这些，恰恰是身处一线的通讯员们拥有的宝贵资源。

2021 年 12 月 7 日，因两名住户确诊为新冠，萧山区北干街道龙湖春江天玺 17 幢被列为中风险区域。消息一出，萧山日报立刻进入"战时状态"，启动疫情防控滚动直播。但是，小区封闭进不去，如何才能快速有效获取防疫一线的情况？基于日常通联工作中建立的良好互动、深厚情谊与充分信任，区卫健局的通讯员王维强和北干街道的社工们，成了记者的"眼睛"和"耳朵"。他们与记者并肩作战，最新的核酸采样统计数据、大量的一手图片和视频素材，成了这次滚动直播中的多个"独家"和"爆款"。在这场"战疫"报道中，萧山日报全媒体平台共刊播相关报道 1382 篇（条），网站、新媒体平台总点击量达到 1880 多万人次，单篇最高点击量"450 万 +"人次。通讯员的给力配合与支持，功不可没。

通联工作，顾名思义，重在沟通、联系。开拓并维系好通联"朋友圈"，是萧山日报融新聚力谋发展的一件大事。班子层面，制定了《萧山日报班子成员镇街平台联系制度》，明确每位班子成员对口联系的镇街、平台，每年对接走访不少于两次，了解宣传需求，加强精准策划；采编口，规定跑线记者与通讯员在"线上"交流之外，每月面对面交流工作不少于两次，及时掌握并准确传递不同时期、不同阶段的重点报道、主题策划、用稿需求等，确保全面下沉，锤炼务实作风；政务口，选派优秀记者到重点合作单位驻点，深耕一线，"沉浸式"宣传，为基层提供个性化的智媒服务。在自上而下的推动中，萧山日报的通联"朋友圈"正在越扩越大。

共享，画好"同心圆"

长期以来，萧山日报与广大通讯员始终保持紧密合作、良性互动的"伙伴"关系，为做好全区的新闻宣传工作同心、同向、同行。

当报社专业采编队伍的策划优势与基层通讯员的信息渠道优势相结合，便能产生"1+1>2"的宣传效果。2022年区两会期间，报社联合各镇街、平台、部门，推出40多个版面、一本宣传画册；萧山日报微信公众号推送镇街"对话一把手"专题短视频17个，并通过人民日报客户端、新华网客户端对外推送，为两会营造了浓厚的舆论氛围，展示了全区上下"迎亚运、促共富"的行动决心。

在一次次报道共谋、宣传合作中，通讯员们也得到了收获与成长。新塘街道办事处颜鸿杰在成为报社通讯员后，总结出了提升宣传效果的三大"法宝"：一是要聚焦"重大主题"，抢抓落实、即刻报道。在区党史学习教育动员大会召开的第二天，新塘街道组织了青年微党课宣讲比赛，通讯员与记者第一时间合作报送稿件，被各级平台录用。二是要聚焦"群众所需"。疫情期间，街道组织50辆返岗包车接回千名员工，消息传递给报社后，第一时间启动滚动报道，"引爆"网络。三是聚焦"地方特色"，要练就一双"慧眼"，善于挖掘提炼地方特色，才能做出与众不同的新闻。

报社搭建多渠道的融媒体发布平台、提供专业的宣传策划经验，通讯员们则积极提供鲜活的新闻线索、活动素材。在这种报道共谋、资源共享、平台共用的通联工作模式下，记者"主力军"与通讯员"同盟军"强强联合，讲述了一个个精彩的基层故事。

仅 2021 年，广大通讯员在《萧山日报》及各周刊、月刊、新媒体上发表的署名作品就有 4800 余篇，其中摄影作品 500 多件。特别是在防汛抗台和"战疫"报道中，身处最前线的基层通讯员采集并提供了大量一手的宣传素材，为及时传播正能量、稳定社会舆情做出了积极贡献。

赋能，建强"同盟军"

随着萧山日报"7+X"融媒体矩阵的构建，客户端、视频号、抖音号等新媒体平台渠道不断增多，各平台需要有更多的优质内容来充实。这就更需要打造一支具备高素质的全媒体通讯员队伍，充分发挥他们在一线的作用，延伸信息触角、丰富内容产品、提升报道质量，充实采编机动力量。

立足媒体融合发展的新趋势和新要求，报社把提升通讯员业务素质作为做好通联工作的重要一环。每年召开一次通讯员会议，总结成绩，指出不足，并表彰奖励一批优秀通讯员；不定期组织通讯员参加采编业务培训和实地采风采访，重点培训媒体融合发展背景下全媒体产品的生产，如组织通讯员学习 H5 制作、新闻摄影技巧、新闻短视频拍摄与剪辑制作等，让他们学会"十八般武艺"，增强宣传本领，提高整体宣传效果。此外，报社还根据镇街、平台的需求，下派资深记者、编辑到基层，为村社宣传员开展新闻业务培训，指导基层专职宣传队伍的组建。

在创新打造基层宣传阵地上，萧报同样不遗余力，主动赋能。报社领导策划指导，记者、通讯员通力合作，《今日瓜沥》《临浦月刊》《钱江世纪城》等一批专刊、月刊定期出版，拓宽了镇街宣传的渠道（见图 1-9、图 1-10）。2021 年起，报社进一步强化对镇街通讯员的近距离支持，先后在瓜沥、临浦等镇街成立萧山日报智媒服务分中心，深度参与当地宣传职能，精准服务镇街需求。2022 年 6 月 21 日，报社与闻堰街道联合策划、出品的杂志《闻民悦享》首刊正式发行，这是全区镇街层面第一份政民互动基层刊物，打开了湘湖闻堰宣传的新格局，也为基层宣传阵地创新建设提供了新样板。

媒体环境发生着前所未有的巨变，对基层主流媒体而言，能否建强用好自己的通讯员队伍，关系到我们能否及时发挥舆论主阵地的地域性优势，能否真正打通连接用户的"最后一公里"。下一步，萧山日报将把互联网思维和全媒体运作的理念应用到新形势下的通联工作实践中去，进一步强化全员参与、全面覆盖的通联工作意识，继续拓宽通联工作的平台和渠道，完善联动机制、激励机制，充分调动采编队伍和通讯员队伍之间主动沟通、密切协作的积极性，为萧报融合发展不断注入新动能。

图 1-9　《今日瓜沥》专刊

图 1-10　《钱江世纪城》专刊

萧山日报团队文化创新建设及成效评估

张五一　袁少平　郑　岚

报业文化作为报业管理不可或缺的重要组成部分，具有导向功能、约束功能、凝聚功能、激励功能、辐射功能和品牌功能。它既是报社进行新闻宣传和报业经营管理的一种行为规范，也体现着集体的管理理念，体现着报社价值观和员工价值观。

在当前全力推进媒体融合和转型发展的新形势下，做好团队文化创新，关键是做好人的工作。我们要把个体呈现的能力和水平整合起来，充分发扬"在钱潮浪尖上奔跑，在传媒梦想中超越"的萧报精神，全体报社人员同心协力，心朝一处想，劲朝一处使，发挥团队作战的力量，用发展来解决团队文化创新中遇到的各种情况和困难，让每一位员工有尊严地工作，实现对美好生活的向往（见图1-11）。

图 1-11　2021 年，萧山日报第七个健身日活动

一、团队文化建设形成鲜明品牌

（一）坚持党建引领，筑牢红色根脉

2021 年是中国共产党成立 100 周年。在萧山日报社党总支领导下，各支部以党史学习教育为主线，全年开展了一系列党建活动。全体党员充分发挥先锋模范作用，战疫情、谋转型，优作风、促发展，为圆满完成战疫情和事业发展双胜利发挥了中流砥柱的作用。

为构建鲜明的党建文化品牌，实现职工对红色报业文化的认同，2021 年 5 月起，报社各党支部启动党建特色品牌创建行动。管理党支部结合大部分党员从事行政管理工作的特点，以"凝心聚力、务实笃行、服务中心、推动发展、精益管理、保障到位"为主题，实施"管理服务型支部"党建特色品牌创建活动。创新举措包括"三个转变":一是服务由"上"向"下"转变。在服务理念上进行升华,突出管理服务型党支部战斗堡垒作用,充分发挥党组织的政治优势和先进性。二是服务由"良好"向"优秀"转变。老党员自加压力,以提升服务能力为目标,开展"三好"工作,即当好宣传员,及时宣传党的方针政策;当好联络员,及时反映职工诉求;当好服务员,及时解决员工困难。三是服务由"被动"向"主动"转变。注重提高党员创先争优的内生动力。

采编党支部以守牢舆论主阵地、打好新闻主动仗为己任,创建"融媒先锋岗",采编一线党员加强学习新媒体新技术,多措并举推进短视频制作,在建党百年主题宣传报道中充分发挥党员作用,组织"我的初心之路"红色主题短视频比赛,优秀短视频作品在萧山发布 App、抖音号、视频号平台广泛推送,累计阅读量超过 500 万。在萧山发布 App 等平台推出"身边的党员""敢为人先弄潮儿"等话题,强化正向宣传,用心用情做好正能量、暖新闻报道,让主流声音占领舆论高地,让党心民心更加相连相通。

经营党支部创建"党员积分制"党建特色支部,以项目制形式,鼓励党员、骨干跨部门组团,助力兄弟部门的重点工作,实现人力资源共享。

萧山网党支部积极创建"橙新力"党建品牌,即诚心做事、诚信为人,讲好新时代萧山故事,提升员工动力,提升萧山网影响力。

钱塘传媒党支部则努力创建政企党建宣传"一网通"党建品牌,在党建联盟的基础上,深入基层,了解企业信息和需求,以媒体优势解决企业实际需求和困难,走好服务群众和企业"最后一公里"。

（二）坚持榜样示范,弘扬先锋正气

在报社范围内全方位、多层次、宽领域、多平台打造职工队伍的标杆和旗帜,先进示范,内聚人心,外树形象。党总支号召在全体党员中开展"争当先锋党员"竞赛活动,争当"五个先锋",即争当勤奋好学先锋、争当争创佳绩先锋、争当清正廉洁先锋、争当服务奉献先锋、争当弘扬正气先锋。动员部署会后，各支部组织党员结合实际，亮出党员身份，明确努力方向，制定争创事项，其间互评互学、检查交流，在综合评审后产生 10 名先锋党员，进行公示，并在单位内部亮牌示范。一系列竞赛过程，旨在让先锋事迹为报社所推崇，让先锋精神很好地融到职工心里。

为扎实推进党史学习教育，引导全体员工增强政治意识、大局意识、核心意识、看齐意识，更好地履行新闻宣传工作职责使命，报社还开展了"学党史、强信念、跟党走"主题演讲比赛，近 20 位萧报人上台展开精彩演讲，从不同角度表达了在各自岗位上敬业奉献的信心和决心。

（三）坚持人才优先，提高员工素质

师徒结对创先争优，营造重抓内部培养、加强梯队建设的浓厚氛围。通过师徒结对的形式，营造创先争优的良好氛围，激发员工智慧与潜能，培养一支政治坚定、业务精良、担当有为的采编经营队伍。报社工会安排采编经营部门资深员工，与近两年来进入报社采编经营岗位的年轻人结为师徒。老员工积极发挥"传帮带"作用，年轻员工积极进取，努力钻研，结对师徒在活动策划、新闻采编等方面都取得了进步。这种"传帮带"，不仅仅是业务的传承和引领，更是将报业文化理念融入具体工作之中。通过师徒结对，经各部室推荐，报社工会研究，上报社委会同意，对 6 对紧密型师徒进行表彰。这些师徒结对"传帮带"成为支撑报业可持续发展的动力源泉。

8—9 月，总编办联合报社工会、妇联对全体员工进行可视化传播公共技能培训，培训内容包括新闻摄影实战、剪映实战、新闻拍摄、剪辑进阶交流、融媒工作室创新运营系列线上直播、电脑端上传手机摄影作品、手机短视频摄影实操、可视化传播公共技能理论考试，以线上线下等形式，让全体员工参加新媒体技能培训，帮助员工提升技能。在顺利开展全员可视化培训的基础上，10 月又适时推出各专项技能培训，不断将传媒转型所需要的技能转型过程推向深入。通过可视化传播竞赛与争优创先活动的有机结合，在报社形成公开公正的价值评价体系，为全体员工营造公正公平的成长成才环境（见图1-12）。

图1-12 2022年10月，新闻业务技能比武

（四）坚持共建共享，发挥群团活力

文体活动是展现职工与企业精神风貌的有效载体，既增强了报社的凝聚力，又活跃了职工文化生活，增强了职工体质。2021年以来，报社工会着重抓好报社各俱乐部的活动，让俱乐部活起来、动起来。骑行毅行俱乐部是报社老牌俱乐部，深受员工喜爱，只要有环湘湖毅行等活动，中、青年人都会踊跃报名参加。篮球俱乐部开展经常性训练活动，与杭州日报、滨江区委宣传部、泰杭律师事务所等单位进行多次友谊比赛。羽毛球俱乐部有固定场地、固定时间训练，每周三、六成为训练的常态。报社还专门成立了足球俱乐部，定期开展活动。报社足球队参加集团十运会，取得了第三名的优异成绩。通过打造萧报特色的俱乐部活动，寓教于乐，将萧报文化融入丰富的文体活动之中，成为对外推介萧报品牌的又一载体。年底，工会还对俱乐部活动进行评比，根据开展活动的次数、参加人数、活

动质量等，对排名靠前的俱乐部进行表彰奖励，进一步培育报业文化氛围（见图1-13）。

图 1-13　萧报羽毛球队参加集团运动会

2021年记者节期间，工会联合妇联组织全体员工参观"网红打卡地"临浦横一村，并举办短视频摄影大赛，让全体员工在青山绿水间过了一个轻松愉快的节日。员工疗休养活动在做好防疫工作的同时顺利开展，深受员工喜爱。根据年轻人越来越多的团队特点，报社团总支经常性开展活动，如组织青春观影活动、青年相亲交友活动等，充分展示萧报年轻人的朝气和活力。

截至目前，报社已形成团队文化创新十大品牌活动：（1）党建特色品牌创建活动；（2）争当先锋党员活动；（3）为员工送清凉活动；（4）三年一轮员工疗休养活动；（5）师徒结对手拉手活动；（6）记者节毅行活动；（7）一年一度技能比武活动；（8）为员工购买在职职工医疗互助第二医保活动；（9）员工"三必"活动——生日节日必祝福、生病住院必探望、亲属去世必慰问；（10）俱乐部定时定场地活动。

二、团队文化建设存在问题与下步计划

（一）存在问题

近年来，萧山日报团队文化建设取得了一定成绩，但通过调研发现，与传媒转型发展的要求比，与互联网企业等新型组织比，还是存在着一定的不足。

一是党建与业务工作结合上还需要进一步加强。

二是队伍建设相对媒体转型的需要而言还存在着差距，人才短板比较明显。

三是形成报社共同价值观和稳定的企业文化难度大。

随着报社事业的不断发展，越来越多的年轻人加入报社大家庭，目前 90 后员工占比超过 20%，80 后员工 74 人，占 43.8%，80 后、90 后员工已超过员工总数的 65%，70 后、60 后员工分别占 24.9% 和 9.5%。员工队伍代际差距大，思想意识多元，部分员工的归属感不强烈，给报业管理和团队文化建设提出了更高的要求。

（二）下步计划

针对调研过程中发现的问题，我们提出如下建议。

一是加强党建工作与业务工作的结合，做到两手抓、两手硬，形成以党建带动业务发展，在业务发展中增强党性的良好局面。在具体的党建过程中做到：

（1）注意形式创新、手段创新、方法创新，建设有媒体特色的独特党建品牌，不断增强党建工作的引领力和影响力。

（2）更多倾听年轻党员的心声，对年轻党员既严管又厚爱，既尊重个性，又强调集体奋斗。

（3）提升中层的管理能力，进一步密切与年轻员工，尤其是新进报社员工的业务和思想交流。

（4）加强报社领导与普通员工的交流交心，广泛且直接听取年轻员工心声，把沉默的人唤醒，把游离的人拉近，在报社形成更浓厚的进取、愉快、奋进的工作氛围。

二是坚持久久为功，持之以恒地抓好队伍建设。围绕媒体转型和融合发展的方向，努力建成适应未来传媒趋势的采编、经营、管理、技术等有机融合的一流人才队伍。在具体执行中做到：

（1）优化人才结构，提高新媒体人才占比。要进一步明晰人才队伍建设的路线图，采取内部提升和外部引进结合的方式，着力解决人才短板，提升人才水平。具体来说，对人才招聘、人才储备做中长期规划，将招人与毕业季相结合，改变当前缺人、招人难的现状。城市、落户、编制是招人的三大法宝，杭州城市的区位优势、萧山区对人才引进的落户政策以及本科、硕士、博士的人才补贴和人才公寓这些政策要为我所用，从相关高校招录所需的可视化制作人员和技术支撑人员。

（2）积极采取引荐奖励制度。推动较高学历的现有员工引荐高学历人员加入萧山日报队伍，学习一些大公司的人力资源经验，对引荐成功的员工给予奖励。

（3）给每位员工设计成长的层级。人力资源为每一位进报社的员工制定薪资层级和晋升渠道，为优秀人才找到发展的出口。可通过公平公开的设计，让部聘人员成长为报社聘人员，让下属公司优秀且稳定的员工晋升到报社聘人员，让年轻人看到奋斗的预期和愿景。

（4）考核激励进一步向采编一线倾斜，向专业人才倾斜，向不可替代人员倾斜。建议职称与收入挂钩，让薪资成为留住人才的组成部分，而不是让晋升成为员工唯一的成长路径。

（5）在单位内部营造更浓厚的业务和学习氛围，让学习成为巨大的福利和成长的动力，用情感留人，用激励留人，用学习留人。

三是进一步弘扬"在钱潮浪尖上奔跑，在传媒梦想中超越"的萧山日报文化，努力形成共同的价值观。着力提高员工待遇，增强员工的获得感和认同感，创新党建和群团工作的方式方法，通过各种积极有效的方式和丰富多彩的活动团结员工、凝聚员工。具体举措包括：

（1）关心关爱 90 后等年轻员工，在大型采访活动和经营活动中，在开展"青橙培训"的同时，鼓励 90 后青年独立地开创性地开展工作。

（2）在设计集体活动中，除了传统的体育竞技类活动外，兼顾年轻人喜爱的活动，比如烧烤、密室逃脱、剧本杀等。

（3）报社二楼改造中充分重视年轻人的爱好和需求，设计报社报史展、荣誉墙，以及娱乐健身场所。

报社工会将围绕关心关爱员工，增强大家庭意识，增强员工荣誉感，以有利于报社的兴旺发达、有利于员工的共同富裕为目标，建设积极高效的企业文化，为员工的生活更加美好做出更大努力。

竞逐时代之梦，
钱塘传媒推进融媒发布机制和采编机制改革

茅徐锃　赵邱峰

　　牛劲牛力，是每一位拓荒者、创业者都该具备的品质，也是通往成功的钥匙，对于杭报集团钱塘新区新闻文化传媒中心（浙江钱塘融媒文化发展有限公司）全体员工而言，筚路蓝缕、一路走来，开拓精神早已深深地融入了血脉。

　　从 2014 年 12 月 8 日《今日大江东》报第一期试刊，到 2021 年 12 月 7 日浙江钱塘融媒文化发展有限公司开业，七年磨一剑，今日把示君，这是我们最大的感受。

七年磨剑，落子无悔

　　没有"七年之痒"，但有"七年之进"，一步一脚印，我们就是这样不断扎根杭州之东，时刻竞逐时代之梦的。2014 年 8 月，大江东产业集聚区完成体制调整，集团开始抢先布局大江东"处女地"，当年就成立《今日大江东》编辑部；2019 年，随着大江东区块与下沙区块整合为钱塘新区，《今日大江东》编辑部跨江发展的"创业 2.0 版本"也随之开启，编辑部于 2020 年升格为集团内设的正处级机构——钱塘新区新闻文化传媒中心（简称钱塘新区传媒中心）；2021 年，华媒控股与杭州钱塘新区城市发展集团有限公司共同出资设立浙江钱塘融媒文化发展有限公司……目前，近 70 人的"钱传人"队伍，负责《钱塘新区报》的出版发行，运维学习强国钱塘供稿中心、钱塘发布"两微一端"及视频号、钱塘区政府门户网站，建构起涵盖传统媒体与新媒体、各端口齐备的钱塘区融媒体中心大平台。

　　从"单枪匹马"到"军容齐整"，我们的队伍在壮大，我们的视野也随着时代的变革而开阔（见图 1-14）。我们能有今天的规模，庆幸的是踏准了产业集聚发展、城市提质扩容的每一步节奏，譬如几乎每一年我们都要经历一次动基础盘的变化，但几乎都能顺势而为、乘势而上，更令人感到幸运的是，在这个变化的过程中，我们在集团党委、华媒控股和萧山日报社的坚强领导及全力扶持下，处变不惊、以变应变，迈过了一道又一道沟坎，闯过了一个又一个难关。

图 1-14　以钱塘新区传媒中心采编人员为主体的钱塘融媒体中心区两会报道团队

2020 年，我们深入贯彻落实杭报集团"谋五拼三"总要求和"六问六稳"网上大讨论精神，立足全市首个由集团深度运营的区县融媒体中心这一独特优势，借帆出海、借梯登高。2021 年，我们深入贯彻落实集团"三个年"专项实践活动，变"借帆出海"为"造船远洋"，在钱塘区与杭报集团的鼎力支持下，在钱塘区共同注资成立以钱塘区委和杭报集团党委统一领导以及钱塘区委宣传部工作业务指导、市属国有媒体集团控股和区级国资集团背景支持的新闻文化传媒公司，代运营钱塘区融媒体中心，并着力进军本地文化创意产业，将集团党委书记、社长董悦提出的"通过股权、资本、资源等形式对外积极开展合作，构建科学高效的运营模式，加快集团产业转型发展"的设想付诸实践。

一路向阳，无惧风雨

如今，新生的浙江钱塘融媒开启实质化运作后，我们也从"2.0 版"迈向"3.0 版"的创业之路。我们虽然是在"一张白纸上"筹建融媒体中心，没有过多"历史包袱"，但同样也缺乏"历史沉淀"，尤其是 90 后员工占绝大多数的员工队伍，历练不够，经验相对不足，攻坚意识也显薄弱，是我们发展的"软肋"。鉴于这样的基本情况，我们不断思考，不断探索，创新谋划，提强补弱。

2021 年初，我们率先提出了全面实施"365 工程"，明确了 16 项年度重点工作，细化分解到人，按照"融媒发布、移动优先"要求，通过整合力量、优化考核，流程再造、渠道重塑，强化本领、多端发布等一系列组合拳，在新媒体扶持和上级平台发稿奖励等方面持续加大力度，打破部门藩篱，实现应融尽融，加快建立适应融媒体发展需要的采编队伍。我们创新探索了融媒报道小分队模式，在地铁 7 号线开通宣传上首次练兵，在报道 2020 年底地铁 7 号线开通时"试水"，在 2021 年地铁 8 号线开通、第一次区党代会、第一次区两会的宣传上进行"大规模实战"，成效斐然，进入 2021 年下半年来，小分队每个月都能承担完成 1—2 个融媒体重大主题报道。2020 年以来，我们收获了首个浙江省新闻奖；钱塘新区报新华号获评新华网 2020 年度最具影响力媒体号；一件作品荣获由光明网等主办的 2020 年全国区县融媒体中心优秀案例提名奖。2021 年，一件作品获杭州市创新重大主题报道优秀新闻作品二等奖；十多件作品获浙江省县市区域报新闻奖……

改革创新的重点不仅在融媒体采编上，还体现在企业内部管理、企业文化建设和经营渠道拓展上。2021 年 5 月起，我们立足本地、放眼区外，开展全案营销政务活动会展业务，促成报纸、新媒体、活动经营深度配合，2021 年全年开展各类中小型活动 20 场次左右、小记者活动近 200 场，实现活动会展和教育培训累计营收大幅增长。

为了更多地推动年轻人有机会、有平台、有动力实现"与钱塘融媒共成长"，全力打造以"认真、坚持、务实、成就"为核心的具有钱塘传媒特色的互联网公司创业文化，我们在 2021 年初以"一号文件"的形式出台了《党工团组织"打擂赛马"制度》，创新性开展工团月度"打擂赛马"，直接和工团干部的专项补贴进行挂钩。自活动开展以来，工团干部积极性不断提升，员工参与度和融入感也得到有效提升。我们还相继出台了《钱塘传媒党支部 2021 年度党群工作要点》和《钱塘新区传媒中心关于全面开展以"学改转优"为主题的贯彻落实杭报集团"三个年"专项活动实施方案》，召开了开展"三个年"专项实践活动动员大会暨创业发展大讨论，我们的努力就是为了让员工们在钱塘区这片热土上更有发展、更有期待（见图 1-15）。

图 1-15　2021 年 4 月 7 日，钱塘新区传媒中心贯彻落实杭报集团"三个年"专项实践活动动员大会暨创业发展大讨论

以梦为马，不负韶华

2022 年，是浙江钱塘融媒实质化运作的元年，也是钱塘新区传媒中心深入贯彻落实"三个年"专项实践活动承上启下的关键之年。我们将立足当前钱塘区内尚无传媒文创类国企的空白，统筹推进宣传业务、活动会展、户外媒体、教育培训、产权交易等业务开展，发展目标定位于力争五年左右时间成长为钱塘区一家立足区内、辐射区外的综合性文化创意传媒集团。

中心将紧紧围绕集团"三个年"专项实践活动，坚持"三个立足"，做好"三篇文章"，抢占亚运之机，推动跨界合作，着力建立立体化的全媒体传播矩阵，探索行业融合新模式，实现媒体融合高质量发展，力争打造具有标杆意义和推广价值的"钱塘样板"。

一是立足发展，做活内容文章。把握省市委全面推进"数字化改革"的契机，生产出符合钱塘区高质量发展需要、密切关系钱塘智造产业与市民切身利益的优质内容。二是立足本地，做大服务文章。利用好多年来深耕本地形成的媒体品牌、综合实力、优良作风和过硬团队，在"亚运之年"全力服务保障好亚运，打造综合性政务服务平台。三是立足党建，做强队伍文章。始终坚持党性原则不动摇，办党和人民满意的媒体，兴服务党和人民的产业，强服务党和人民的队伍，发挥好党支部和党员在浙江钱塘融媒创业发展过程中的先锋模范作用，以党建引领不断提升人才素质、优化人才结构、培育人才队伍，激发破难破冰的动力之源，以"融"突进全力打造"能立足钱塘，也能走出钱塘"的综合性文化创意传媒集团。

第二篇

内容生产创优

内容生产与用户连接模式创新研究

孟再励　金　波　吴新红

媒体深度融合，不仅是新闻舆论工作未来发展方向，也是媒体行业生存的路径，随着 5G、大数据、云计算、物联网、人工智能等技术不断发展，移动媒体进入加速发展的新阶段，媒体融合发展走向深入。面对媒体发展新形势，如何生产出适合移动传播时代的内容？如何通过大数据和云计算，为受众提供精准的内容分发服务？

本文结合当前媒体融合发展新要求、新特点，认真了解省内部分区县融媒体单位的一些做法后，结合萧山日报实际，就内容生产与用户连接模式创新作如下思考。

一、内容产品在哪？

融媒体时代，我们的内容产品在哪里？传统媒体、新媒体对内容的定位要区别对待，并发挥各自平台优势，打造自己的核心内容产品。

（一）传统媒体核心产品：时政经济、深度调查、观点言论

时政经济、深度调查、观点言论这三类内容，无论媒体发展到哪个阶段，都是不可或缺的内容，也是体现媒体责任、媒体品质的重要指标，而且，门槛相对较高。对于有多年积累和沉淀的传统媒体，在做这些内容时具有先天优势。在当下媒体竞争激烈的环境下，传统媒体应充分发挥好自身优势，将时政经济、深度调查、观点言论这三块内容列为核心产品，重点发展，做强品牌。

实际上，近年来，传统媒体也在根据形势发展进行内部变革，主要是做减法，体现为：减人、减版、去碎片化，把社会新闻让渡给新媒体，等等。做减法的目的，就是为整合资源，集中优势资源做精做深我们的核心产品。对时政经济、深度调查、观点言论这三类内容，还须进一步加大力度，按新媒体传播规律，加强内容生产，创新传播运营，从而进一步提升传播"四力"。

（二）新媒体核心产品：短视频、直播——交互类产品

新媒体传播的特点就是信息传播速度极快，双向互动性传播，所以，新媒体的一大核心内容产品，就是交互类产品。内容生产者一定要有互动思维，用沉浸式的手法吸引受众。随着5G技术的不断发展以及在传播上的深度运用，新媒体的另一核心产品就是短视频、直播产品，内容生产者要运用好短视频生产高效、传播高速等特点，生产受众更易接受的各类视频产品。

但在视频产品领域，内容已过度饱和，观众的新鲜感变化快，如何不断寻找新的兴奋点来赢得受众注意，如何做好沉浸式手法成为关键。随着5G商用的不断推进，"4K/8K VR直播"，高清呈现，沉浸观览，身临现场，VR视频独有的鱼眼效果让人印象深刻，VR直播能够适配活动、展览、比赛、真人秀等的核心需求。在直播盛行的环境下，要加强投入，不断根据实际进行视频传播升级。

（三）融媒体核心产品：重大主题报道——集纳式专题类

集纳式专题类在突出重点报道内容、强化报道效果等方面有着重要作用。变分散为集中，寓独特于整体，反映面扩大了，主题意义加强了，使内容更有分量，更好引起受众的注意。寓多样性于统一，内容、角度、形式又多种多样、各有特点，使内容更为丰富、生动，在可读性上更为突出。

2021年建党百年是媒体人职业生涯中顶级的重大主题报道项目，萧山日报提前策划，精心准备，全体采编人员全媒上阵，推出专题专栏，策划专刊，挖掘先进典型和榜样，引导舆论，增强宣传效果，获得了各方一致好评。市委副书记、区委书记肯定百年特刊"版式活、内容好"。报社关于建党百年的宣传，就是采取集纳式专题类报道的典范，对这类运作模式要总结好，运用好，推广好。

二、媒体如何应对?

在分析传统媒体、新媒体的核心产品定位后，我们如何把握并运用好当下的传播规律，应对当前的媒体变革，实现创新发展?

（一）打造媒体矩阵

面对当前的媒体发展格局，传统媒体单位纷纷采取相应举措，打造媒体矩阵是普遍的措施之一，即通过打造媒体矩阵，全方位掌握媒体特征，熟知传播的链条、传播规律，根据内容特性及用户目标选择传播平台，提升传播精准度。

在打造媒体矩阵中，将传统媒体与新媒体平台有机结合，一方面发挥传统媒体内容生产优势，生产高品质内容产品；另一方面搭建起以App、微信公众号等为代表的新媒体平台，传播高品质内容，抢占新媒体市场，提升媒体传播力、影响力。萧山日报打造的"7+X"媒体矩阵初步成型，为应对媒体变革，应对竞争，创造了良好条件（见图 2-1）；余杭区融媒体中心以"看余杭"客户端为主平台，进行传播内容与平台大整合，也取得较好成效。

图 2-1　萧山日报融媒体指挥中心启用

（二）坚持移动优先

移动优先无须赘文。要做好用户连接，必须把主要精力放在移动传播平台和移动内容产品上。

App、微信公众号等移动传播平台是当下主流移动传播平台，必须进一步做大做强。特别是 App，由于具有第一时间、连续发布、无限发布等功能，能很好满足现代传播的需要。要结合用户需求，开发并运用好 App 功能，牢牢把握移动传播主导权。浙江省的爱嵊州 App、我的建德 App 等，就较好发挥了 App 的功能，在移动优先方面成绩显著。当然，也要充分借助大平台的资源力量，运营好自己的抖音号、新华号等各类自媒体账号，增强内容产品的移动传播力。同时，要关注并掌握移动媒体传播发展规律，适时、及时推出新的移动传播平台。

（三）可视化传播

视频用户群体庞大且呈快速增长趋势。最近的互联网发展报告显示，截至2021年6月，我国短视频用户规模为8.88亿，占网民整体的87.8%。网络直播用户规模达6.38亿，占网民整体的63.1%。在此背景下，直播、短视频是当下主要传播手段。

就做好可视化传播而言，一是要生产可视化内容产品，可视化内容要融入新创意、新技术、新手段，强化H5、短视频、直播等互动产品打造，以通俗易懂的方式开展主题宣传，记录新闻现场的动人时刻。二是要打造自己的视频传播平台。鹿城区融媒体中心推出的"掌上鹿城"电视端，开创了全省政务新闻App和有线电视融合的先例，截至2020年底，用户突破69万。也可借助快手、抖音等全国主流视频传播平台，提升视频内容传播力。报社全面代维"萧山发布"官方抖音号，截至2020年底，上线5个月共计发布作品260余条，浏览量超1.8亿次，收获点赞量90.7万次，粉丝数突破10万，可视化步伐从量变迈向质变。

（四）交互式传播

融媒体时代，做内容需要有互动化思维，要从用户角度思考内容的有用性、参与性及互动性。

互动化运营方面，我省部分区县媒体进行了较好的探索。龙游传媒集团聚焦乡村振兴主题主线，策划举办小南海团石村"7天7夜迷辣啤酒音乐节"活动，吸引"15万+"人流量，线上直播获"40万+"人次观看量，将夜景转化成了集夜游、夜赏、夜品、夜购于一体的"夜经济"。海曙区全媒体中心推出《尚书人声》栏目，以"视频+文字+图片"的全媒体形式呈现，邀请一位某领域知名人士或代表人物向市民荐读好书。"两微一端"、报刊、电视、电台等平台同步推出，营造书香海曙浓厚氛围，都是通过线上线下相结合的互动形式，与用户较好地连接起来。

（五）平台化传播

平台化，是获得用户沉淀和用户数据的重要路径，平台也是媒体深度融合发展的重要载体。作为主流媒体，必须有自建、可控、自适的平台，通过平台化传播，逐步形成开放共享、资源合作的局面，能够充分连接用户，发挥新闻宣传、社会治理等功能。

作为区县级媒体，传播平台化，有两个方向。一是深耕本地，使平台成为服务本地的综合服务传播体，如萧山发布 App、爱嵊州 App 等。二是不求面面俱到，形成特色发展，如萧山网的萧山网络问政平台、萧山舆情信息平台等，就是充分依赖和开发本地政务和服务资源，较好地与本报用户进行有效连接，从而形成自身的核心竞争力。

三、如何做好用户连接

面对移动化、年轻化、社交化用户群，做好用户连接，要根据传播平台的定位，选择目标用户，有针对性地做好内容生产，进行精准传播。

（一）传统媒体：培育精英化阅读

面对新的媒体传播环境，传统媒体应坚持"内容为王"，坚守精英文化路线，做好培育精英化阅读工作。

根据传统媒体核心内容产品的定位，传统媒体要找准自己的目标人群。党政、经济界人群是核心人群，以 70 后为主体。针对自己的目标客户群，传统媒体应做好时政经济、深度调查、观点言论类核心内容产品，服务好核心用户群，并通过生产更多高质量的内容，吸引、培育人群回归传统媒体，使之成为一种精英化阅读平台，从而提高全民素质，优化社会风气，推动社会进步。

（二）新媒体：抓住年轻一族

在互联网时代，用户群广而杂，且呈年轻化趋势，用户的时间和注意力都被切割成小碎片，如何抓住人们的"碎片化"时间和"碎片化"注意力是新媒体提升传播效果的关键点，也是做好与用户有效连接的关键。

"碎片化"传播，意味着在信息传播的形式、内容及意义表达等方面与传统媒体存在巨大差异。短小精悍是"碎片化"的一个关键词。新媒体传播所生产的内容，注重把握生活中的碎片化场景，创造简短、不耗费受众精力，注重对受众注意力的把控，通过"爆炸性"的点抓取用户的注意力。要把握好"既轻且快"的传播优势，把握好手机受众的喜好，生产面向使用手机的年轻一族的内容产品。

（三）融媒体：精准到达是核心价值所在

数据时代，令传媒界曾具有媒介主导属性的大众传播业态遭受冲击。"精准传播"成为颠覆传媒领域传播生态闭环的"革新之刃"。对于大数据时代下的融媒体传播，主流媒体应通过自建或是合作等模式，用多种形式与多个平台，为内容传播打造精准传播端口。

融媒体传播，不求点击率，只求精准到达率，这是媒体的核心价值所在。而在受众定位上，融媒的主力传播人群是80后、90后。融媒体传播过程中，要避免传统媒体内容与受众脱钩，以及新媒体碎片化传播过程中的过分追求新闻发布速度、追求点击率而忽略真实性的现象和盲目跟风、盲目转载等现象，真正发挥融媒传播的功能与作用。

综上，融媒体时代，我们应如何做？一是要根据时代特征精准细分各年龄层的需求，根据用户需求生产相应内容产品。二是在内容产品上，一方面做好"分餐供应"，多平台传播；另一方面通过活动策划、品牌推广、"三名"（名记者、名栏目、名编辑）培育等措施，解决传播"最后一公里"问题，真正做到内容生产与用户之间的有效连接。

四、新闻 App 如何发展

在当前媒体生态中，新闻 App 是能较好解决内容生产与用户连接的一个主要平台。如何用好这一平台，在内容生产和用户连接方面创新并取得实效？其中，重点是要解决 App 的查询集纳功能、主播领衔培育流量等问题。

（一）丰富查询集纳功能

App 拥有内容覆盖广、浏览方便、资讯即时等诸多特点，要充分运用好 App 的优点，丰富 App 功能，完善查询、内容集纳等功能，增强政务服务查询、运用等功能。嵊州市融媒体中心爱嵊州 App，打通各部门渠道，集成 39 项功能，为居民提供各类综合服务。我的建德 App 搭建起智慧旅游、医疗服务、停车泊位、志愿汇、违章查询、出行购票、便民缴费等 28 类政务服务功能，都是通过挖掘政务服务功能，提升与用户的黏性，增强媒体的政务服务性。萧山发布 App 已涵盖了媒体的多项功能，要对这些功能分类梳理，进一步完善信息查询功能，增强政务功能和丰富社会治理功能等，真正提升我们的产品与用户的黏性。

（二）主播领衔培育流量

在直播、短视频越来越成为主流传播形式的背景下，通过做好主播领衔的视频栏目培育流量，是必要选择。龙游传媒集团精心打造"主播 +"系列，推出"主播说""主播说·云游""主播说·探店"等，打造主播领衔名栏目，深受百姓欢迎，围绕"村播""企播""文播"等主题内容开展全媒体策划，多元化传播，取得了不错的效果。2021 年，萧山日报启动"主播计划"，这是报社面向互联网传播新趋势"因势而谋、顺势而为"的一项举措。"主播计划"将采取围绕主播打造网红品牌等系列举措，培育宣传品牌，助力报社向移动化、视频化转型发展。

"同题作文"如何与众不同

刘斌云　李家连

2020 年是我国全面建成小康社会、打赢脱贫攻坚战的决胜之年，这不仅是全国所有媒体高度关注并要集中精力做好的重大主题报道，更是在"同题作文"中检验媒体实力、考验媒体能耐的一次大考。作为最基层的县级媒体，只要立足区域实际，精心组织策划，找准着力点，同样能在重大主题报道上有所作为。以萧山日报《走向我们的小康生活——百村行 2020·消薄记》栏目为例，通过"消除集体经济相对薄弱村"这一侧面来宣传"全面建成小康社会"重大主题，抓住小切口、突出小细节、挖掘小样本，从 7 月起先后推出 10 个典型报道，把"同题作文"做得与众不同，别样出彩。

一、找准角度：小切口更有穿透力

习近平总书记在党的十九大报告中指出："从现在到二〇二〇年，是全面建成小康社会决胜期。"[①] 所谓决胜，就是举全党全国之力，为实现第一个百年奋斗

---

① 习近平：《决胜全面建成小康社会　夺取新时代中国特色社会主义伟大胜利》，《人民日报》2017 年 10 月 28 日 1 版。

目标而奋斗，确保如期全面建成小康社会。

　　萧山是浙江省经济发展排头兵，在撤市设区前一直位列全国经济百强县市前十强。作为经济发达地区，如何做好全面建成小康社会重大主题报道？萧山的突破点在哪里？报社先后从领导班子层面、中层干部层面、采编团队层面、媒体融合层面多次进行专题研究，决定在做好全面建成小康社会常规化动态报道的基础上，理清思路，找准角度，抓住小切口，从小处着手，重点抓好三大版块宣传：《走向我们的小康生活——百村行 2020·消薄记》版块，抓好萧山消除集体经济相对薄弱村 10 个村的典型报道；《走向我们的小康生活——幸福在身边》版块，抓好普通家庭通过奋斗、追梦、创新创业走向小康生活的典型报道；《走向我们的小康生活——对口扶贫记》版块，抓好萧山帮助对口扶贫单位贵州省从江县、湖北省利川市脱贫摘帽奔小康的典型报道（见图 2-2、图 2-3）。

图 2-2　走向我们的小康生活——利川脱贫记　　图 2-3　走向我们的小康生活——百村行 2020·消薄记

以《走向我们的小康生活——百村行 2020·消薄记》版块为例，推出楼塔镇岩上村、戴村镇佛山村、河上镇东山村、临浦镇大庄村、进化镇裘家坞村、所前镇越山村、义桥镇云峰村、瓜沥镇八里桥村、蜀山街道金西村、益农镇新发村共 10 个村的图文、音视频报道，介绍消除集体经济相对薄弱村的"消薄"真招。从萧山日报全媒体融合传播效果来看，实践证明，抓住"消薄记"这个小切口来宣传"全面建成小康社会"重大主题，这样的报道同样是很有穿透力的。

二、挖掘亮点：小细节更有感染力

2020 年也是萧山区消除集体经济相对薄弱村 3 年行动计划（2018—2020 年）的收官之年。全面建成小康社会、打赢脱贫攻坚战，萧山必须消除集体经济相对薄弱村。3 年来，萧山立下总目标，打出组合拳，分别实现 3 个目标：2018 年底消除集体经济总收入 100 万元以下的村；2019 年底消除集体经济年经营性收入 20 万元以下的村；2020 年消除集体经济年经营性收入 30 万元以下的村。记者通过采访了解到，3 年来，萧山通过财政扶持、"造血"项目激励、向外招商引资等方式，不断加大村级集体经济扶持力度与覆盖面，为村集体经济发展注入"源头活水"，实现村集体经济从"补血"向"造血"转变。经过与萧山区消除集体经济相对薄弱村办公室沟通，此次报道选取有代表性、有特色的"消薄"村，组织优秀记者、骨干通讯员进村入户，与村干部、党员、群众交谈，寻访"消薄"典型案例、动人故事，挖掘亮点，捕捉细节，突出特色，采写出具有思辨性、富有感染力的独特报道来。

在捕捉细节上，巧妙运用现场场景和人物语言。比如，《岩上村：绿水青山里"藏"着小康密码》一文这样描述："绕城西复线就在村口，永兴河溪水缓缓流淌，仙岩山、百药山四周围绕，广场、游步道设施错落有致……一幅如诗如画的乡村图景铺展在眼前……很多村民都没想到村里会有如此巨变。早年间，我们村是个偏僻穷山村，凡是有想法的年轻人都往城里去了，但现在可不同了，随着村里环境越变越美丽，村里年轻人都回来建新房了。"又如，《东山村：农旅结合孵化"金蛋蛋"》一文，开头就让人惊艳："河上镇东山村党委书记徐国栋手里捏着一张便签，上面是财务刚算出来的东山村上半年经济收入：总收入 102 万元，其中村集体收入 45 万元。和前年不足 20 万元相比，东山村走农旅结合发展之路，已初见成效。徐国栋说：'这只是个开始。'"再如，《佛山村：致富"秘笈"藏在"土地"里》一文，对村里土地重整和村庄"拆整腾挪"的效果是这样描述的："'建设用地复耕后，盘活了 17 个区块，共 30 余亩地。'钟卫刚说。如今房前屋后整治后，村民们还会忙着打理美丽菜地，少了抱怨，多了赞美。村民丁亚花说：'推门就是风景，竟然在农村小院住出了城市别墅的感觉。'"这样的场景描写以及人物语言的运用，让人有身临其境的感觉。

三、融合传播：小典型更有吸引力

萧山日报《走向我们的小康生活——百村行 2020·消薄记》栏目报道，是报社运用全媒体矩阵融合传播方式，通过不同媒体终端为用户提供精准新闻信息服务，实现新闻传播的全方位覆盖、全天候延伸、多领域拓展，努力占领萧山舆论场的一次成功实践。为做好栏目报道，提升报社全媒体矩阵的融合传播力，报社采取了三条措施：一是加强"消薄"报道策划创新工作。报社成立全媒体报道"消薄"领导专班，制定全媒体融合报道方案，召开专题会议，明确采集发布要求。二是抓好"消薄"报道信息采集工作。落实优秀记者、骨干通讯员，明确采集时间、重点内容和采写要求，确保文字、图片、音视频一次采集成功。三是做好"消薄"报道融合传播工作。记者、通讯员完成信息采集任务后，将文字报道、图片、音视频及时传到全媒体采集平台，由分管领导审稿后，萧山日报新媒体即时编辑发布并生成二维码。纸媒《萧山日报》编辑发布时，在报道后面附上二维码，用户扫一扫这个二维码，就可以详细了解新媒体上的文字、图片、音视频等全部信息，从而实现二次传播，扩大宣传的覆盖面。

纸媒《萧山日报》编辑发布"消薄"报道主要采取三种形式。一是标题突出村庄特色，10篇报道标题为"岩上村：绿水青山里'藏'着小康密码""东山村：农旅结合孵化'金蛋蛋'""裘家坞村：引入产业 变'输血'为'造血'""云峰村：'三招'走上'消薄'快速路"，简洁明了，通俗易懂。二是版式设计图文并茂，选用具有村庄特色的照片，将"村集体经济年经营性收入"+"消薄真招"制成图表，视觉冲击力强。三是放置二维码。纸媒《萧山日报》每篇报道1500字左右、覆盖半个版面，报道最后放置二维码，用户扫码即可查看新媒体发布的相关内容。

在重大主题报道"同题作文"中，如何做出自己的特色？通过萧山日报《走向我们的小康生活——百村行2020·消薄记》栏目融合传播实践，我们得到三点启示。一是决策者要有大格局。做好重大主题报道，要站在政治家办媒体的高度，紧扣时代脉搏，讲好乡土故事。二是策划者要有大视野。做好重大主题报道，策划者要立足本地，精准选题、扣牢时机，努力让策划出来的报道扬正气、有生气、接地气。三是执行者要有大能耐。记者、编辑要有阵地意识、精品意识，要加强采访，让新闻"厚"起来；提炼主题，让标题"立"起来；图文并茂，让内容"动"起来；融合传播，让媒体"强"起来。

（本文发表于《传媒评论》2020年第10期）

融媒体活动报道如何与用户互动共情

刘斌云　李家连

　　道路是展示城市形象的窗口，是城市治理的重要环节。萧山作为承办杭州第19届亚运会的主阵地，如何为亚运会圆满成功举办提供道路通勤安全保障，既考验着萧山地方广大干部群众的智慧和执行者的实战能力，也检验着当地主流媒体的舆情导向把控能力和舆论引导水平。

　　2021年是萧山"亚运兴城"攻坚年，全区上下紧紧围绕"保障亚运、服务亚运、放大效应、全面效应"总目标，全力以赴推进高水平建设"亚运国际城·数智新萧山"，形成了亚运筹办全区动员、全民参与、全社会投入的最后冲刺攻坚氛围。为进一步科学优化交通信号灯，提升城市道路通行保障能力，萧山日报融媒体联手萧山交警推出系列活动报道"信号灯，我有话说"，通过征求意见、视频直播、"萧报圆桌汇"等形式，与市民互动共情、同频共振，最终使信号灯优化调整工作顺利落实落地。此次系列活动报道的创新实践，为融媒体与读者、网友、粉丝等用户互动共情积累了有益经验。

议题设置"从用户中来"

融媒体活动报道与用户互动共情，找准时间节点、选好议题十分重要。承办亚运赛事，道路通畅离不开整个城市道路信号灯的科学配置和配时转换的有效衔接。为保障2022年杭州亚运会圆满成功举办，萧山交警部门按照服务亚运总要求，在前期成立萧山亚运安保数智交通实验室及信号配时中心，在打造萧山交警支撑2022年智慧亚运和未来交管数字化治理应用场景创新智库的基础上，于2021年8月对城市交通信号灯进行了优化调整，在市民中引起强烈反响。萧山日报新闻热线和融媒体平台接到不少用户反映，有人吐槽绿灯时间太短，有人抱怨红灯时间太长，也有人希望新增设信号灯。报社编委会对用户反映的这些信息高度重视，集中研讨后形成一致共识：启动应急机制，成立融媒体活动报道专班，迅速与交警部门商议，围绕"信号灯优化调整"设置议题、确定选题，借助融媒体平台与用户互动共情，推进信号灯优化调整落实落地。

其实，"议题设置从用户中来"，这是萧山日报创新报道形式、报道手法、报道内容的一贯做法。报社融媒体活动报道专班组织采编部门与交警部门协商后立即介入，精准策划并在萧山日报融媒体矩阵中设置"一线三专"，即热线电话、专栏、专题、专区，由专人负责，推出"信号灯，我有话说"系列活动报道。2021年9月14日，《萧山日报》刊发首篇活动报道《怎样设置交通信号灯 欢迎您来当"高参"》，萧山发布、萧山网络问政平台、萧山日报融媒体矩阵同步跟进，广泛收集市民对优化设置交通信号灯的意见和建议（见图2-4）。

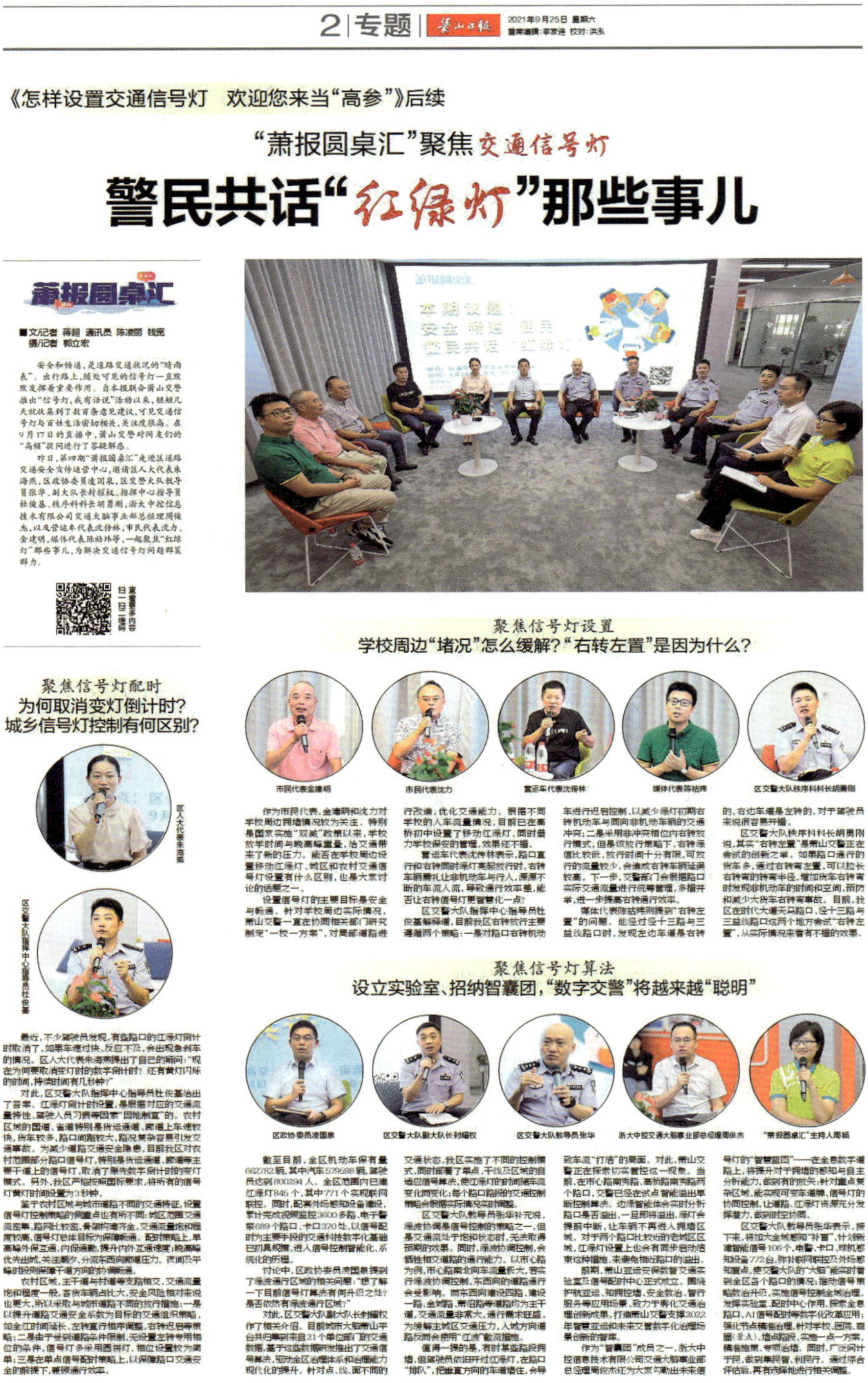

2|专题 萧山日报 2021年9月25日 星期六

《怎样设置交通信号灯 欢迎您来当“高参”》后续

“萧报圆桌汇”聚焦交通信号灯

警民共话“红绿灯”那些事儿

萧报圆桌汇

■文/记者 蒋超 通讯员 陈凌丽 钱亮 摄/记者 郭立宏

安全和畅通，是道路交通状况的“晴雨表”。出行路上，随处可见的信号灯一直默默发挥着重要作用。自本报联合萧山交警推出“信号灯，我有话说”活动以来，短短几天就收集到了数百条意见建议，可见交通信号灯与百姓生活密切相关，关注度很高。在9月17日的直播中，萧山交警对网友们的“高频”提问进行了答疑解惑。

昨日，第四期“萧报圆桌汇”走进区道路交通安全宣传运营中心，邀请区人大代表朱海燕、区政协委员凌国泉，区交警大队教导员张华、副大队长封耀权、指挥中心指导员杜俊基、秩序科科长胡勇刚，浙大中控信息技术有限公司交通大脑事业部总经理周俊杰，以及营运车代表沈传林，市民代表沈力、金建明，媒体代表陈祜玮等，一起聚焦“红绿灯”那些事儿，为解决交通信号灯问题群策群力。

扫一扫二维码 查看更多内容

聚焦信号灯配时

为何取消变灯倒计时？城乡信号灯控制有何区别？

区人大代表朱海燕

区交警大队指挥中心指导员杜俊基

最近，不少驾驶员发现，有些路口的红绿灯倒计时取消了，如果车速过快、反应不及，会出现急刹车的情况。区人大代表朱海燕提出了自己的疑问：“现在为何要取消变灯时的数字倒计时？还有黄灯闪烁的时间，持续时间有几秒钟？”

对此，区交警大队指挥中心指导员杜俊基给出了答案。红绿灯倒计时的设置，是根据对应的交通流量特性、驾驶人员习惯等因素“因地制宜”的。农村区域的国道、省道特别是货运通道、廊道上车速较快，货车较多，路口间距较大，路况复杂容易引发交通事故。为减少道路交通安全隐患，目前我区对农村范围部分路口信号灯，特别是货运通道、廊道等主要干道上的信号灯，取消了原先数字倒计时的变灯模式。另外，我区严格按照国标要求，将所有的信号灯黄灯时间设置为3秒钟。

鉴于农村区域与城市道路不同的交通特征，设置信号灯控制策略的侧重点也有所不同：城区范围交通流密集，路网比较密，骨架构建齐全，交通流量饱和程度较高，信号灯总体目标为保障畅通。配时策略上，早高峰外保互通、内保通勤，提升内外互通速度；晚高峰优先出城，关注潮汐、分流东西向廊道压力。夜间及平峰时段则保障干道方向的协调畅通。

农村区域，主干道与村道等支路相交，交通流量饱和程度一般，客货车辆占比大，安全风险相对来说也更大，所以采取与城市道路不同的放行措施：一是以提升道路交通安全系数为目标的交通组织策略，如全红时间延长、左转直行相序调整、右转迟启等策略；二是由于受到道路条件限制，无设置左转专用相位的条件，信号灯多采用圆饼灯，相位设置较为简单；三是在单点信号配时策略上，以保障路口交通安全的前提下，兼顾通行效率。

聚焦信号灯设置

学校周边“堵况”怎么缓解？“右转左置”是因为什么？

市民代表金建明　市民代表沈力　营运车代表沈传林　媒体代表陈祜玮　区交警大队秩序科科长胡勇刚

作为市民代表，金建明和沈力对学校周边拥堵情况较为关注。特别是国家实施“双减”政策以来，学校放学时间与晚高峰重叠，给交通带来了新的压力。能否在学校周边设置移动红绿灯、城区和农村交通信号灯设置有什么区别，也是大家讨论的话题之一。

设置信号灯的主要目标是安全与畅通。针对学校周边实际情况，萧山交警一直在协同相关部门研究制定“一校一方案”，对局部道路进行改造，优化交通能力。根据不同学校的人车流量情况，目前已在高桥初中设置了移动红绿灯，同时借力学校保安的管理，效果还不错。

营运车代表沈传林表示，路口直行和右转同时绿灯亮起放行时，右转车辆需礼让非机动车与行人，源源不断的车流人流，导致通行效率差，能否让右转信号灯更智慧化一点？

区交警大队指挥中心指导员杜俊基解释道，目前我区右转放行主要遵循两个策略：一是对路口右转机动车进行迟启控制，以减少绿灯初期右转机动车与同向非机动车辆的交通冲突；二是采用非冲突相位内右转放行模式，但是该放行策略下，右转绿信比较低，放行时间十分有限，可放行的流量较少，会造成右转车辆延误较高。下一步，交警部门会根据路口实际交通流量进行统筹管理，多措并举，进一步提高右转通行效率。

媒体代表陈祜玮则提到“右转左置”的问题。他经过经十三路与三益线路口时，发现左边车道是右转的，右边车道是左转的，对于驾驶员来说很容易开错。

区交警大队秩序科科长胡勇刚说，其实“右转左置”是萧山交警正在尝试的创新之举。如果路口通行的货车多，通过右转弯左置，可以拉长右转弯的转弯半径，增加货车右转弯时发现非机动车的时间和空间，预防和减少大货车右转弯事故。目前，我区在时代大道天马路口、经十三路与三益线路口这两个地方尝试“右转左置”，从实际情况来看有不错的效果。

聚焦信号灯算法

设立实验室、招纳智囊团，“数字交警”将越来越“聪明”

区政协委员凌国泉　区交警大队副大队长封耀权　区交警大队教导员张华　浙大中控交通大脑事业部总经理周俊杰　“萧报圆桌汇”主持人周颖

截至目前，全区机动车保有量662782辆，其中汽车579598辆，驾驶员达到800294人。全区范围内已建红绿灯845个，其中771个实现联网联控。同时，配套外场感知设备建设，累计完成视频监控3600多路、电子警察689个路口、卡口370处，以信号配时为主要手段的交通科技数字化基础已初具规模，进入信号控制智能化、系统化的历程。

讨论中，区政协委员凌国泉提到了绿波通行区域的相关问题：“想了解一下目前信号灯算法有何升级之处？是否依然有绿波通行区域？”

对此，区交警大队副大队长封耀权作了相关介绍。目前城市大脑萧山平台共归集到来自21个单位部门的交通数据，基于这些数据研发推出了交通信号算法，驱动全区治理体系和治理能力现代化的提升。针对点、线、面不同的交通状态，我区实施了不同的控制模式，同时部署了单点、干线及区域的自适应信号算法，使红绿灯的时间随车流变化而变化；每个路口路段的交通控制策略会根据实际情况实时调整。

区交警大队教导员张华补充说，绿波协调是信号控制的策略之一，但是交通流处于饱和状态时，无法取得预期的效果。同时，绿波协调控制，会牺牲相交道路的通行能力。以市心路为例，市心路南北向车流量很大，若实行绿波协调控制，东西向的道路通行会受影响。而东西向建设四路、建设一路、金城路、萧绍路等道路均为主干道，交通流量非常大，通行需求旺盛。为缓解主城区交通压力，入城方向道路反而会使用“红波”截流措施。

值得一提的是，有时某些路段拥堵，但驾驶员依旧开过红绿灯，在路口“排队”，把垂直方向的车道堵住，会导致车流“打结”的局面。对此，萧山交警正在探索切实管控这一现象。当前，在市心路南秀路、高桥路南秀路两个路口，交警已经在试点智能溢出早断控制算法。边缘智能体会实时分析路口是否溢出，一旦即将溢出，绿灯会提前中断，让车辆不再进入拥堵区域。对于两个路口比较近的老城区区域，红绿灯设置上也会有同步启动结束这种措施，来避免相近路口的溢出。

前期，萧山亚运安保数智交通实验室及信号配时中心正式成立。围绕护航亚运、知拥控堵、安全救治、智行服务等应用场景，致力于孵化交通治理创新成果，打造萧山交警支撑2022年智慧亚运和未来交管数字化治理场景创新的智库。

作为“智囊团”成员之一，浙大中控信息技术有限公司交通大脑事业部总经理周俊杰还为大家勾勒出未来信号灯的“智慧蓝图”——在全息数字道路上，将提升对于拥堵的感知与自主分析能力，做到有的放矢；针对重点复杂区域，能实现可变车道牌、信号灯的协同控制，让道路、红绿灯资源充分发挥潜力，做到时空协同。

区交警大队教导员张华表示，接下来，将加大全域感知“补盲”，计划新建智能信号106个，电警、卡口、球机感知设备772台，弥补联网联控及外场感知盲点，使交警大队的“大脑”能实时看到全区各个路口的情况；推动信号策略数治升级，实施信号控制全域治理，发挥实验室、配时中心作用，探索全息路口、AI信号配时等数字化改革应用；强化节点精准治理，针对学校、医院、商圈（景点）、堵点路段，实施一点一方案，精准施策、专项治堵。同时，广泛问计于民，做到集民智、利民行。通过综合评估后，再有选择地进行相关调整。

图 2-4　警民共话红绿灯

话题讨论"到用户中去"

活动报道选题确定后，融媒体平台及时发布消息、公布讨论话题来提升用户的关注度，引导更多用户参与话题讨论，在与用户互动共情中广泛汇集民意、集中民智，为当地党委、政府科学决策当好参谋，为交警部门精准施策提供参考。

"信号灯，我有话说"首篇系列活动报道《怎样设置交通信号灯　欢迎您来当"高参"》推出后，得到广大媒体用户积极呼应。读者洪先生在热线电话中询问：为什么有些路口直行和右转同时是绿灯，而有些路口右转则不需要红绿灯控制？有网友在萧山网络问政平台发帖：萧山东片主干道站塘路与金城路交叉口由东往西的红绿灯时间太短了。有粉丝反映：新交付的小区出入口车流人流量大，可否申请安装红绿灯……许多用户在融媒体平台留言，报社推出"信号灯，我有话说"系列活动报道，把话语权交给媒体用户，不仅让用户有知情权，而且可以参与讨论、发表意见，充分行使了自己的发言权。

短短 4 天时间，广大媒体用户或通过热线电话反映情况并提出意见建议，或在萧山日报融媒体平台发帖跟帖，经融媒体大数据汇总梳理分类，媒体用户提出有价值的意见建议共有 500 余条。对这些问题，融媒体活动报道专班与交警部门专题研讨后，决定开展一次视频直播活动。9 月 17 日上午 9 时，抓住早高峰的尾巴，"信号灯，我有话说"直播活动在区交警大队指挥中心开播，萧山日报视频号、萧山发布 App、萧山网视频号、萧山公安视频号、萧山交警视频号、萧山交警抖音号六大平台同步直播一个小时，聚焦"城区之外的红绿灯倒计时为何取消""红绿灯配时为何有的过长、有的过短""如何申请安装红绿灯"三大问题，由交警面对面解疑释惑，搭起了警民沟通的桥梁。交警部门表示，针对市民集中反映的问题将尽快开展实地踏勘，综合各方意见后进行合理调整。这次话题讨论达到预期效果。

聚力共情"萧报圆桌汇"

为了增强用户的黏性，提升与用户互动共情能力，融媒体需要搭建一个化解分歧、沟通高效、凝聚共识的服务平台。作为杭州日报报业集团最佳新媒（项目），萧山日报品牌活动（栏目）"萧报圆桌汇"就是一个很好的载体。"萧报圆桌汇"是一档"话题式"线上线下结合的议事栏目，通过线上征集、线下讨论、内参分析，搭建一个听民声、集民意、汇民智、解民忧的服务平台，让百姓的诉求和政府的民生工程无缝对接、有效贯通，使媒体为当地党委、政府和用户服务更精准、更高效。因此，"萧报圆桌汇"一直受到读者和用户的喜爱。

为将"信号灯，我有话说"活动报道推向深入，9月24日，第四期"萧报圆桌汇"邀请区人大代表、区政协委员、市民代表、营运车代表、媒体代表，区交警大队和交通指挥中心交警、交通大脑技术专家一起，共同聚焦"红绿灯那些事儿"，与媒体用户互动共情、同频共振，为解决交通信号灯问题群策群力。此次"萧报圆桌汇"以回答提问的方式现场直播，围绕"信号灯配时，为何取消变灯倒计时？城乡信号灯控制有何区别？""信号灯设置，学校周边'堵况'怎么缓解？'右转左置'是因为什么？""信号灯算法，设立实验室、招纳智囊团，'数字交警'越来越聪明"，回答市民和媒体用户疑惑，提出解决办法。萧山交警部门表示，综合市民意见建议和实地踏勘情况，接下来将加大萧山全域感知"补盲"，计划新建智能信号106个，电警、卡口、球机感知设备772台，实现实时查看全区各个路口情况；推动信号策略数治升级，实施信号控制全域治理，探索全息路口、AI信号配时等数字化改革应用；强化节点精准治理，针对学校、医院、商圈（景点）、堵点路段，实施一点一策、专项治堵。9月25日，《萧山日报》以整版篇幅对此次"萧报圆桌汇"现场直播活动进行了专题报道。至此，融媒体系列活动报道"信号灯，我有话说"画上圆满句号。

萧山日报此次融媒体系列活动报道成功的秘诀是"从用户中来""到用户中

去"　"与用户互动共情"三大环节紧紧相扣、逐步推进，有强烈的"代入感"、很高的"参与度"，话题选得好、时机把握好、收到效果好。

（本文发表于《传媒评论》2022 年第 2 期）

全媒体时代，区域党媒如何做新做活重大主题报道

王建平

重大主题报道，是对重大主题、重大新闻进行充分、详尽、深度报道的一种形式，是新闻媒体宣传党和政府重大战略、重大工作部署的重要方式。围绕宣传学习贯彻习近平新时代中国特色社会主义思想，紧贴地方党委和政府的中心工作而开展重大主题报道，是基层新闻媒体履行的重要政治职责。

萧山日报坚持守土有责，努力发挥区域党媒优势，积极顺应全媒体传播时代大势，加快推进媒体深度融合发展，努力探索创新，做好重大主题报道。

一、重大主题报道创新实践路径

萧山日报坚持传统媒体与新兴媒体的整合发力，相互借力，优势互补。在重大主题新闻报道方面，以"纸媒报道＋新媒体新形态报道＋新媒体特色产品"的组合方式，打造立体传播格局，有效拓展了重大主题报道维度与空间。

（一）传统媒体力求守正、创新、突破

在主题选择上，提高政治站位，提升重大报道的专业性与准确性。近年来，

萧山日报推出的"萧山经济高质量发展、打造全省共同富裕先行示范区""当好东道主喜迎亚运会"等系列报道，都是如此。为献礼党的二十大，2022年12月15日推出《新时代 新远征 萧山的光荣与梦想》特刊（见图2-5、图2-6），以习近平同志在浙江工作期间视察萧山20周年为契机，牢记"不断提升工业化、加快推进城市化、进而率先实现现代化"的殷殷嘱托，通过对经济、政治、社会、文化、生态"五位一体"的分别解读，重点突出"三个化"，全面展示萧山20年来取得的发展成就。这组报道时间跨度大、涉及层面广、采写难度大，报社派出精兵强将担纲主笔，共推出8个整版。

在版面设计上，突出端庄大气的党媒特色。版面是新闻语言的重要组成部分，全媒体时代，视觉语言传达的信息内容往往更引人注目。萧山日报十分注重版面设计，第一时间把重点内容提炼呈现在人们面前，以有效提升阅读体验。2022年1月14日萧山区经济高质量发展大会后，萧山日报在版面的布局与报道方面十分用心。次日的头版头条发表了区委书记的讲话要点，吹响了经济高质量发展的"集结号"。同日的4版又亮出了萧山推动经济高质量发展的首个重大改革举

图2-5 《新时代 新远征》特刊（1）

图2-6 《新时代 新远征》特刊（2）

措——以兵团化作战擎起萧山的"八面红旗"。另外,还报道了"42个重大项目集中开工 总投资逾200亿"等企业方面的响应行动,令人振奋。在作风转变上,推出"总编走基层"活动。新闻的富矿在基层,新闻的价值在创新。萧山日报"总编走基层"活动,已持续进行多年。报社社长、总编轮流深入镇街、村社,走访基层干部群众,结合区委、区政府的中心工作,讲好萧山故事、绘就萧山画卷、展现萧山作为,把各个镇、街、开发区经济提质增效,重大项目惠及民生等内容,在头版醒目位置予以报道。如《临浦:"小上海"澎湃亚运潮》讲述了该镇柔道、柔术等50个与亚运密切相关的建设项目的推进情况,《开发区精耕细作春来早》介绍了18个重大招商项目成功落地的情况,让人深受鼓舞。

(二)新兴媒体力求又新又活又快

萧山日报在开展重大主题报道方面,注重加强融媒体产品的策划与跨平台的整合传播,充分发挥融媒传播的优势,力求又新、又活、又快,取得"1+1>2"的效果。

其一,实现发布内容移动化。每年的地方两会,都是基层媒体报道的重头戏。2023年两会期间,萧山日报全力以赴打好融媒报道仗。记者们第一时间在萧山网、韵味萧山App、萧山日报官微等移动端新媒体发布消息,把区政府工作报告及其他报告的主要内容,代表、委员参政议政的意见建议,政府拟办的十件民生实事等,呈现在移动用户面前。其间推出新闻版面77个,各新媒体平台推出两会专题2个,发布相关新闻160余条,短视频11个,融媒体H5宣传作品3个,图文直播8场,线上互动活动1个,移动用户总阅读量超130万人次。得到萧山区委主要领导的批示肯定。

杭州亚运会是举世瞩目的大事,亚运工程建设也深受各界关注。萧山网与天目新闻共同策划了"和外国友人一起探亚运场馆"活动,请居住在萧山的外国友人实地观看设计理念先进、外观时尚大气的亚运主场馆,并全程拍摄视频,在央视网、新浪新闻、萧山日报视频号等同步播出（见图2-7）。

图2-7　和外国友人一起探亚运场馆

其二，实现报道内容的可视化。对于地方的重大建设项目落成、重大庆祝活动等，萧山日报力求文字报道与视频报道同步进行。2021年6月，为庆祝中国共产党成立100周年，萧山日报精心策划了"与党同龄　与党同行"主题报道，采访7位经历抗日战争、解放战争、抗美援朝、改革开放等不同时期的百岁老人，全程进行录音录像，请他们回忆往昔的峥嵘岁月与非凡经历。这组文字报道与视频内容发布后，获得了浙江省县市新闻奖一等奖、中国地市报好新闻奖二等奖。

其三，追求报道效果的互动。移动互联网时代，媒体要以共情式、沉浸式、互动式融合传播，吸引更多的受众。2022年9月，萧山国际机场T4航站楼国内航班试运行，萧山日报充分发挥本土媒体的优势，融媒体记者在现场以直播的形式全景展现新航站楼，一站式体验新航站楼的智能和便捷，现场直播迅速在朋友圈"刷屏"，吸引广大网友关注、参与互动。

二、如何提升重大主题报道的可读性

重大主题报道既是媒体宣传的重头戏，也是"同题作文"的大比拼。如何从不同角度、不同侧面精心策划重大主题报道，强化舆论导向，形成"多兵种"协同作战的格局，增强报道的传播力、影响力？可以从三个方面着力。

一是建立重大主题报道统筹协调机制。提前布局、提前谋划、提前行动，统筹各个不同的采编部门，做到集中兵力、协同作战，各种网络平台要纳入统一发布渠道，实现同步宣传、同频播出，以取得最大的传播效果。

二是强化全员采编业务能力培训。媒体的核心竞争力来自哪里？成长驱动力来自哪里？团队学习力来自哪里？萧山日报的答案是全员培训。报社除了不定期开展全员新媒体业务知识培训外，还经常开展技能比武活动。报社推出了"主播成长计划"，发掘了一批年纪轻、能力强、业务精、形象好的采编人员，担任视频节目的主播，为可视化业务发展提供了人才支撑。2022 年 10 月，报社又推出新闻业务技能比武竞赛，以"笔试＋实战"的方式，分消息写作、新闻评论、新闻摄影、融媒报道、视频拍摄制作、创意方案等多个领域，发动全员参与，并进行考评、颁奖，有效激发了员工的工作热情，提升了员工的职业技能。

三是重大主题报道注重小切口。重大主题报道要念好"近、活、真"三字经。近，就是宏大事物的生活化表达，选用更加贴近受众、更加贴近民生的选题与表达方式。活，就是让"有意思"的事情来展示"有意义"的内容。真，就是内容更加真实可感，以真理说服人、以真情打动人。为庆祝中华人民共和国成立 70 周年，萧山日报财经周刊结合萧山发展实际，从老百姓衣食住行这个民生视角入手，策划了"喜迎七十载　再创新辉煌"系列报道，从老百姓的钱袋子越来越鼓、住房面积越来越大、交通出行越来越完善等多个维度，以鲜活的数据揭示了萧山经济建设新成就、新辉煌。报道既有小切口，更有大视野、大格局，提升了重大主题报道的可读性。

（本文发表于《传媒评论》2023 年第 5 期）

传统媒体打开深度报道的"三重门"

姚潮龙

在"短平快"的社交媒体时代，"深专长"的深度报道似已"不合时宜"，不少专业媒体陆续"放弃"，导致深度报道一度沦为"离去的背影"。

面对深度报道正"消解"、正"凋零"，作为一家地方基层媒体，萧山日报"逆流"而行、"逆势"而上，通过理念重定、流程重造、组织重构，持续"加码"深度报道，着力打造"建设性新闻"，并创下连续两年斩获省市新闻奖的佳绩。

理念重定，主打"建设性"

在地方政府大力推进国家治理体系和治理能力现代化进程中，基层媒体该扮演什么角色？尤其是面对舆论环境变化、行业管理趋紧，深度报道该如何发挥媒体新价值？

对此，萧山日报重新定位深度报道的内涵要义，并提出将"建设性新闻"作为深度报道发力点，即在坚持正面宣传为主的基础上，不仅以新闻视角发现问题，更以新闻力量为解决问题提供媒体智慧，搭建政民互动的桥梁。为此，萧山日报将深度报道精准细分为定位各异、功能互补的三大栏目。

《深读》，老栏目新升级。作为传统优势栏目，萧山日报开设《深读》栏目已有十多年，主要关注全区中心大局，重点解读地方政经动态。在原有基础上，萧山日报以更快、更活、更深来全面升级《深读》。"更快"是指全端口齐发，弥补以往报纸载体单一、时效性不足，如移动端首发的深度报道《"破题"平台：萧山打响"八团大战"》；"更活"是指全媒体呈现，大量加入数据新闻等；"更深"是指以小事件、小细节，研究预判宏观趋势变化，如聚焦SKP、开市客两个项目签约，探讨萧山发展重心北移、城市价值提升（见图2-8）。

《调查》，俯下身察民情。《调查》是对民生新闻的深度化。该栏目聚焦社会治理热点，鼓励百姓参与新闻生产，切实畅通政民沟通渠道。经过一年多的实践，记者采访足迹遍布街头、田间、医院等，热议话题涉及百姓就医、教育、消费等方面。如《瓜沥长巷这条石板路"路"在何方》等一大批"重磅炸弹"引爆舆论，推动了各方力量参与解决社会问题（见图2-9）。

《智库》，借智慧献良策。作为新栏目，《智库》定位于建言献策、民意反馈，包括《连线智库》《萧报圆桌汇》两个子栏目，以对话形式为主，每期由"主持人"抛话题，各方阐述立场、提出建议，并为地方政府决策作参考。其中，《连线智库》主打高端访谈，通过与专家、学者、企业家等对话，为萧山发展拓思路、出主意；《萧报圆桌汇》直接走进社区，让百姓与职能部门负责人同堂议事，以直播实现线上线下相互引流，以调查、内参形式开展跟踪报道。

流程重造，首发"移动端"

当前，专业媒体纷纷向社交媒体"学艺"。但深度报道学的不能是"迎合用户"，媒体价值更不能"降维打击"，这是由于深度报道第一属性是公共性，与社交媒体以商业性作为底层逻辑不同。

图 2-8　《深读》栏目　　　　　　　　图 2-9　《调查》栏目

　　实践中，萧山日报的深度报道始终立足于强大的新闻原创能力、严谨的内容生产能力、专业价值判断能力，并以采编发的全流程重造，重点吸收消化社交媒体快且长的传播链优势，以及建立传播效果可量化、可反馈的评价体系。

　　精品内容，放大媒体价值。深度报道必须体现媒体观点态度与价值判断。如围绕萧山生物经济后发劣势，萧山日报推出"聚焦生物经济"系列报道，通过调研走访，深入解读长三角地区先进经验，并根据所见所闻，以"记者手记"的形式提出更深层次的观点见解，进一步升华报道主题；再如"连线智库·我为家乡献一计"系列报道，专访各领域杰出乡贤，其中《乡贤陈凤英谈"赶超跨越"：

图 2-10 开元酒店退市的三问三答

从今天做起，向明天看齐，为后天准备》一文被称作"萧山人心声之谈"，促使陈凤英"回乡"为领导干部"上课"。

移动优先，扩大传播半径。深度报道是传统媒体的"王牌"，如何将这种影响力延伸并覆盖融媒体？萧山日报探索的方向是分发渠道转移、内容形式多元。如实施"移动端首发"，深度报道优先在官方微信、App等发布，利用新媒体提高传播效率。像官微推出的《今日退市！开元酒店将何去何从？我们独家专访了创始人陈妙林》，引发新京报、浙江日报等"疯转"，创造多个"10万+"（见图2-10）。同时，推动深度报道从单一文本为主扩展到文本、图片、视频、音频等集合，并在视频号、抖音等端口率先呈现部分内容。

数据监测，形成报道闭环。如何衡量深度报道质量？这既要分析阅读量、转载量等传播率指标，也要注重社会舆论关注度。萧山日报设置深度报道监测组，通过各渠道数据监测、信息分析，延伸报道链，形成报道闭环。如《遇上"拦路虎"，120急救车绕道多开8分钟》，一方面引起浙江卫视、都市快报等媒体跟进，另一方面推动市区两级检察机关开展专项行动，将原本关注度不高的话题推上了热搜榜。此后两个多月，萧山日报推出《村里的限高杆如何才能不耽误事》等后续报道，引起社会极大反响。

组织重构，破题"人钱技"

尽管不具备直接变现能力，但我们认为，深度报道的"变现"，不应仅限于经济效益，更应包括社会效益，如扩大传播影响力、增强舆论引导力、塑造媒体公信力等。

特别是当前市场上优质内容接近稀缺，用户对优质内容的需求缺口持续扩大，因而深度报道对媒体转型变得更为重要。为此，萧山日报以组织架构重构、全员战略转型，着力破解人才、投入、技术等共性难题，为做精做强深度报道创造良好环境。

团队，项目化与专业化。深度报道实施项目负责制，由内容生产端的采访中心副主任分别牵头负责一个栏目，并集中最优势资源、最精干力量，成立"深读""调查""智库"三个栏目组，每个小组采用"一名副主任 + 一名首席记者 + 一名跑线记者 + 一名摄影摄像记者"的梯队模式。同时，重点引育专业化记者。如：通过转岗，一名从事医卫行业经营线口的人员调任采访中心，集中精力做"调查"；通过内推，从外部招引"老手"，主要从事政经"深读"；通过公开招聘，引入一名英国东英吉利大学电影电视专业研究生，探索深度报道新媒体化。

考核，体系化与重点化。深度报道需更高成本投入。萧山日报充分用好考核这根"指挥棒"，加大"钱"的投入。如：提升基本考核分数，明确深度报道分值最高的原则，据统计，深度报道单篇分数比之前提高了67%，是日常普通稿件的4.2倍；突出质量考核，在日好稿、月好稿基础上，增设季度稿、年度稿，并向深度报道倾斜；新增不纳入考核范畴的总编辑基金，以专项奖加大重大深度报道嘉奖力度。经过一系列改革，深度报道记者待遇得到普遍提升，平均月薪超过部门中层已成常态。

技术，立体化与可视化。萧山日报围绕增强技术性、提升体验感，以技术应用"包装"内容生产，不断吸引用户"点进来看"，实现深度报道立体化、可视化。

而这背后，是萧山日报推动全员技术转型、加快视频化进程。如：以融媒业务培训内挖潜能，采编人员争做融媒记者，两名文字记者成功转型为摄影视频记者；组建一支五人团队构成的"几维"视频工作室，专职负责内容创意与制作；开发全媒体图片视频库，力推全员生产。这些都有力地加强了对深度报道的支撑。

通过打开"三重门"，区域报体现大格局，融媒体提升新价值，萧山日报深度报道的创新实践，也为传统媒体内容转型、内容建设提供了一些独特思考。

（本文发表于《传媒评论》2021 年第 11 期）

萧山日报"千万工程"融媒体报道展示美丽乡村萧山样本

龚 洁

2021 年 11 月 16 日，全省深化"千万工程"建设新时代美丽乡村现场会在萧山召开。萧山日报采取融媒体报道，全方位、立体式呈现了全省深化"千万工程"建设新时代美丽乡村现场会的盛况，揭开了"萧山缘何这么美"的问号，成为展示美丽萧山的重要载体，也成为萧山日报融媒体报道的又一生动实践（见图 2-11）。

图 2-11 千万工程 美丽蝶变

纸媒报道浓墨重彩

原本定于 11 月初召开的全省深化"千万工程"建设新时代美丽乡村现场会因疫情原因延期召开。但萧山日报紧扣"千万工程"的重点，在前期多角度、高频次宣传三个现场参观点的"蝶变"之外，未雨绸缪，做好"千万工程"现场会的预热报道。先后推出《奏响村美民富的"蝶变曲"——"千万工程"的萧山实践（上）》和《"未来"已来 美丽乡村迭代升级——"千万工程"的萧山实践（下）》，全面阐释萧山在"千万工程"建设中的做法、模式、经验，以及未来前行的方向。

同时，以整版形式刊发了《乡村振兴"赶考路" 萧山迈入新时代》这一解读式报道，从衙前镇凤凰村、进化镇欢潭村、临浦镇横一村三个村的巨变，折射出萧山整个乡村面貌以欣欣向荣的姿态迈入新时代的缩影。还策划推出了《千万工程诗画田园精彩蝶变》特刊，刊发版面 17 个，气势宏大，内容丰富，设计精美，为"千万工程"现场会的召开营造了浓厚的氛围。

11 月 16 日，全省深化"千万工程"建设新时代美丽乡村现场会在萧山召开。11 月 15 日的报纸头版提前刊发综述《演绎美丽乡村的"精彩乐章"》，6 版整版刊发《萧山美丽乡村》的亮丽瞬间"视觉"版面；现场会当天，又打破传统的文字叙述方式，以"卷轴"式制图，在头版头条以"数说"的形式呈现，让人耳目一新、为之振奋。

现场会次日，在头版刊发《袁家军：绘就共同富裕大场景下新时代美丽乡村新场景》《美丽萧山缘何受到全省关注》等新闻报道。在常规的会议报道外，以区委书记介绍萧山实践路径时提炼出来的"内核"——富满乡、绿满山、智满舱、韵满堂为四个关键词，诠释了美丽萧山缘何受到全省关注。

在头版消息基础上，萧山日报还以记者走读的形式刊发了《美丽乡村的萧山"三色"》版面，精美的版式就像一幅水墨画，透出浓浓的江南烟雨味道，令人赏心悦目。报道中，用现场见闻的方式来写原本枯燥的会议报道，新颖活泼。因为有提前的熟悉与思考，有全员的努力与配合，就有了一次参观行程穿越三个不同村庄，当天成文，当天发布，让整个版面有重点、有看点、有亮点。

新媒报道创新生动

全省深化"千万工程"建设新时代美丽乡村现场会，对萧山来说是一次盛会，对萧山日报来说，也是一次检验融媒体报道的"大练兵"。

萧山日报成立了由报社领导、部门主任、骨干记者组成的融媒体采访报道小组，从纸媒报道、视频拍摄、平台宣传、视频传播等全方面、各环节制订了报道方案，并多次修改完善，形成最终报道计划。

特别是在新媒体产品上，前期，萧山日报派出视频小组，以萧山几次现场会"演练"为切入口，拍摄了一系列视频素材，并通过策划、设计、制作，形成了多张精美的海报和H5报道《开启"千万工程"萧山密码》，对萧山美丽乡村建设成果进行数据列表展示，对萧山美丽乡村建设经验进行解读。这些新媒体产品也在萧山形成现象级传播，"朋友圈"都在为"美丽萧山"接力点赞。

为了更好地集中展示"千万工程"的萧山亮点和特色，萧山发布App还设立了"千万工程 美丽蝶变——萧山打造新时代共同富裕新标杆"的专题，将文字、图片、视频、H5进行了汇集，实现更有效地点击与传播。

现场会当日上午，萧山日报视频号推出了精美的直播二维码；当晚，在萧山发布微信公众号、萧山发布App和萧山日报微信公众号上就先后发布了《袁家军：绘就共同富裕大场景下新时代美丽乡村新场景》《美丽萧山缘何受到全省关注》《美丽乡村的萧山"三色"》等文章，不同平台，多次发布，各有侧重，满足了读者不同时间、不同层次的阅读需求，强化了美的感受，也进一步打响了萧山日报的传播影响力。

深耕本土追寻时代印记，区域党媒如何创新主题报道

钱 嫣

2022 年是党的二十大召开之年，也是曾任浙江省委书记习近平同志对萧山提出"不断提升工业化、加快推进城市化、进而率先实现现代化""当好全市的'领头雁'、成为全省的'排头兵'、争做全国的'先行者'"①殷殷嘱托二十周年。

在喜迎党的二十大召开之际，萧山日报立足本土，放长视角，以"致敬二十载 献礼二十大"为主题，精心策划系列融媒报道，全面反映萧山践行嘱托的生动实践和有益探索，大力营造激励全区上下接续奋斗、献礼党的二十大的浓厚舆论氛围。

系列综述，全景式回顾二十年成就

过去的二十年，萧山始终牢记总书记的殷殷嘱托，奋力书写经济发展的"高分报表"，全力绘就共同富裕的"幸福图景"，为萧山继往开来、再谱新篇奠定了坚实基础。

---

① 中央党校采访实录编辑室：《习近平在浙江（上）》，中共中央党校出版社 2021 年版，第 189—190 页。

9月19—23日，萧报推出"致敬二十载　献礼二十大"系列综述，从工业、治理、文化、民生、生态等五个方面，全景式展现萧山二十年来经济社会新变化。《双轮驱动　再创工业新萧山》《共建共享　构筑美好新萧山》《厚植底蕴　滋养人文新萧山》《民生至上　建设幸福新萧山》《逐绿前行　谱写靓丽新萧山》等5篇文章先后在《萧山日报》头版及各新媒体平台发布。

开篇之作《双轮驱动　再创工业新萧山》从工业入手，回顾了萧山曾有工业"冲千亿"的辉煌，也曾有转型期的痛苦。但无论道路怎样曲折，萧山人始终秉持奔竞不息、勇立潮头的萧山精神，经得起荣誉，也耐得住寂寞，终于守得云开见日出。5篇文章始终围绕"新萧山"来展开，共同唱响了萧山日新月异、凤凰涅槃的开拓创新之歌。

深入走访，沉浸式追寻时代的足迹

如果说系列综述是从大处着眼，宏观展现时代变迁。那么，从9月中旬启动的基层走访活动，则是从小处着手，于细微中寻找时代的印记。

——寻访村社之变。9月16日起，萧山日报记者分成若干采访小队，深入走访全区20个城乡现代社区建设典型村社，邀请各村社"一把手"以家乡代言人的身份录制访谈视频，讲述家乡变化，分享家乡美好。此次访谈，一改以往在演播室录制的模式，将演播室搬到了田间地头，搬到了未来社区和美丽乡村。用面对面、沉浸式访谈，用一线的镜头实录展开共同富裕的新画卷。记者跟着村社书记的脚步，一起体验先进设施，感受科技为生活带来的便利；一起走进农户家中，倾听人民群众的声音，忠实记录下眼前的一幅幅真实生活画卷和背后基层干部们的实干汗水，深刻感受这二十年间蒸蒸日上的村社新景和美好生活变化。共20期访谈文章均在《萧山日报》的《致敬二十载　献礼二十大》专栏连续刊登，每期10分钟左右的访谈视频在萧山网、韵味萧山 App 同步发布（见图 2-12）。

——微观生活之变。10 月 8—15 日，萧山日报推出"我们的十年"系列报道，以"数据图表 + 人物故事"的形式，把一个个大时代里的小人物放在特定的环境中，用他们的感受反映十年间的萧山生活之变。整组报道选取了 9 位有代表性的"小人物"，有白领、社工、创业者，也有村级文化员、新农人等等，以小见大，由点及面，反映城市变化带给市民的各方面提升，以及市民满满的获得感和幸福感。

——呈现光影之变。照片里浓缩着时代的变迁，也记录着城市的变化。9 月 19 日起，萧山日报面向区内外摄影师、摄影爱好者征集反映萧山十年嬗变的摄影作品，并设计主题，精挑细选，在《影像》版、韵味萧山 App 以专题的形式呈现。

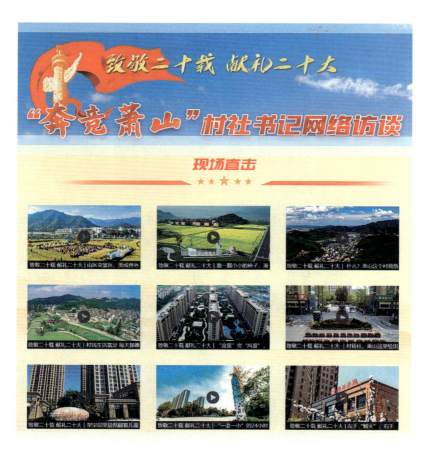

图 2-12　"奔竞萧山"村社书记网络访谈

推出了《圆梦湘湖》《萧然水韵》《萧山交通大动脉巨变》等影像主题专版，以照片拍摄的时间线为轴，追寻萧山建设发展的光影印记。

——体验家乡之变。从暑期开始，萧报小记者就率先启动了"喜迎二十大 我看家乡新变化"系列走访活动，小记者们通过访企业、话人物、观地标，全视角体验家乡发展。开展了安恒信息、杭萧钢构、中天模型、湘湖未来产业社区等6站走访，200余名小记者参加。每期探访活动的文章在《萧山日报》小记者专版《喜迎二十大　我看家乡新变化》专栏连续刊登，并在少年学报公众号、萧报小记者公众号发布。

主题特刊，凝聚"两个先行"磅礴力量

在厚植亚运盛会主场优势、融入"大杭州"先发优势、民营经济深厚本底优势和"奔竞不息·勇立潮头"萧山精神内生优势之下，如今的萧山如何立足当下，走好高质量发展之路？

10月14日，在党的二十大召开前夕，萧山日报推出28个版的《奋进新征程　建功新时代——奋力投身"两个先行"在高质量发展中全域推进城乡社区现代化建设一线报告》主题特刊，全方位展示各区级平台、镇街、部门的工作成果及特色亮点（见图2-13）。

图2-13　《奋进新征程　建功新时代》主题特刊

在特刊的编排和采写上，精心打磨，反复调整，力求导向正确、内容准确，做出风格、做出特色。如钱江世纪城的双整版《新中心拔节生长 新封面精彩绽放》，从"亚运打开新窗口、产业澎湃新动能、城市塑造新形象、共享解锁新生活、改革向着新标杆"五个角度，全面概括了钱江世纪城从围垦滩涂到城市高地的一步步拔节生长的过程，内容丰富，版面大气。

除当天刊发的 28 个专版外，一些镇街、部门的形象专版也在党的二十大期间陆续刊发，并在新媒体平台以"图文 + 视频"的形式同步发布。

互动 + 宣讲，传播党的创新理论

与此同时，韵味萧山 App 还推出了党史大竞答民间挑战赛、我为家乡点赞暨村社选美等线上互动活动。

党史挑战赛在国庆期间推出，每天随机 10 题，中午 12 点准时上线，共有 3000 余人次参与。网友们在趣味答题中学习党史知识，喜迎党的二十大。

村社选美活动则在韵味萧山 App "美好镇村"版块进行，以有奖征集的形式，邀请网友用图片、视频、手绘等多种形式，展现美丽萧山、幸福萧山的场景，分享美好家乡故事。活动持续到 12 月中旬，最终评选出粉丝心目中的最美十大村社。

由萧山网牵头执行的"讲学二十大——'弄潮儿'宣讲训练营"，也同步推进。这是一项贯穿党的二十大会前、会中、会后的活动。前期，面向全区公开征集推荐宣讲员，共 74 名选手参与选拔；中期，19 名"出圈"选手组建宣讲团，并邀请专业老师集中培训；后期，宣讲团成员还下到基层，用动人的讲述，让党的创新理论"飞入寻常百姓家"（见图 2-14）。

图 2-14　2021 年，"讲学二十大——'弄潮儿'宣讲训练营"活动

抓好"三个度"让大主题有回响

——"冲刺开门红"报道助力经济高质量发展

王肖君

开局就是决战，起步就是冲刺。2023 年开年第一会，萧山区委、区政府再次把目光聚焦到高质量发展这个主题上。萧山经济，已经从拼规模转入拼质量时代，民营经济是萧山的本底优势，企业更是活力所在。为了让全力拼经济的大主题产生更大回响，自 2 月 8 日起，萧山日报精心策划推出"产经观察——冲刺开门红"系列报道。截至 3 月 21 日，共刊发 12 篇经济报道，重在揭示经济浪潮中的个体企业努力转型升级之路，进而烘托萧山助推经济高质量发展的氛围。

"高度"攀升，提炼企业闪光点

民营经济是萧山的底色，做好经济报道，必须从政治高度去把握，因为经济与政治密切相关。3 月 13 日，省委常委、市委书记刘捷到萧山区调研，参观了杭州科百特过滤器材有限公司、杭州无忧传媒有限公司、浙江东南网架集团有限公司等企业，要求萧山坚持工业强区，坚定不移推进制造业转型升级。萧山在贯彻刘捷书记讲话精神时也提出，要牢牢把握工业这一萧山发展的顶梁柱、基本盘，做到产业业态再升级、产业链条再细分、产业空间再保障等。

区里重视经济，党媒就应该有所“回响”，这组“产经观察——冲刺开门红”报道不仅采访了老一代民营企业，比如传化、东南网架和宝盛，也观照了无忧传媒、美迪西、知衣科技等新业态新经济的代表性企业。总体来说，聚焦点在制造业数字化、科技创新、AI 应用、生物医药、网红经济、传统商业突围等思考领域。

该组报道杜绝了“空、浮、散”问题，摒弃了照抄材料、“两张皮”等问题，记者全部深入企业一线，并给每篇报道配了记者手记，从一个观察者的角度审视企业的闪光点，提出值得学习或重视的思维方式或路径，将经济报道提升到一个新高度。

《本土百货之王如何“破圈”“引流”》是讲萧山本地商圈运营者汇德隆的。萧山这几年的商业综合体越来越多，记者采写了汇德隆开拓社交型商业 C 座的情况，并在记者手记中明确提出：“快消领域风大浪急、潮流百变，要想行稳致远，就需要有超强的危机感和预见力，压稳舱、转好舵、看准路，时刻准备顺潮而动、迎潮而上，汇德隆集团能够数十年稳稳立足萧山、扎根萧山，秘诀也正在于此。”（见图 2–15）

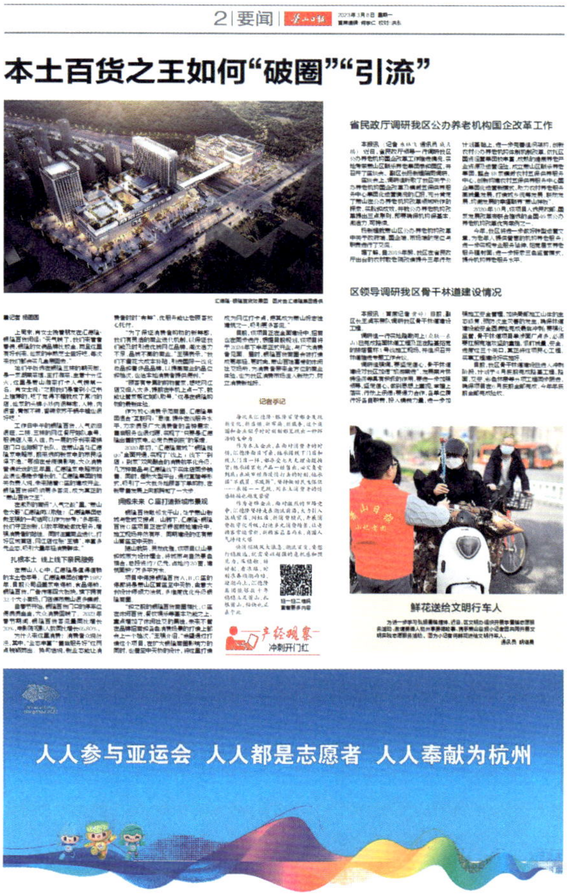
2 | 要闻

本土百货之王如何“破圈”“引流”

省民政厅调研我区公办养老机构国企改革工作

区领导调研我区骨干林道建设情况

记者手记

产经观察——冲刺开门红

鲜花送给文明行车人

人人参与亚运会　人人都是志愿者　人人奉献为杭州

图 2–15　《本土百货之王如何“破圈”“引流”》版面

"角度"定位，摸出萧企最新"脉象"

一个企业是一个复杂体，会呈现出很多面，因而在经济报道创作过程中，会存在诸多切入口。如何在雷同的新闻素材中写出不一样的报道内容，角度定位选择十分重要。相对新的角度，更能吸引受众的眼光。

宝盛是一家起步于建筑行业的萧山区"老字号"企业，也有酒店业，但这几年开发了智能厨房餐厅系统，打造全新餐饮"应用场景"，其技术产品规模等"硬性"指标还做到了全国前列。记者从这一全新的角度切入，采写了《宝盛：智能科技"赋能再造" 传统企业"蝶变新生"》一稿。

传化集团作为萧山一家老牌的民营企业，省市区三级的报道都连篇累牍，怎么切入是一个难点。在采访中，记者发现传化将化学应用到了新能源汽车座椅制造上，从而深入抓住了科技主轴。在数字上也印证了这个观点，2022 年传化科技投入增长 77.47%。这就是一个相对新的角度，《传化集团：突出科技主轴 变革中谋求高效》一稿由此而来。

很多企业都很低调，不愿随意对外透露新信息，这也是企业报道策划执行难的一个重要原因。采访娃哈哈在萧山的宏胜超链智造杭州基地前，记者经过反复协调，才最终推进了这篇报道。这家饮料生产企业，解决了生产制造中信息闭塞的痛点，创造了食品饮料生产的智造新模式，记者抓住这一点，采写了《宏胜饮料集团：智造"拥趸" 打造食饮制造业新生态》。摸准了"脉象"，采访就变得更加顺畅了。

"厚度"开掘，提升区域媒体思辨力

新闻稿件的厚度亦可理解为新闻稿件的深度，"厚度"开掘是一个深化主题的过程。遇到选题特别好的，就需要升级报道规格，从半个版的体量，升级为整版深读，以更好地吃透一个企业。

"前几日，一支有着 50 人左右的'小分队'，'溜进'一个层高 20 多米、占地 5000 平方米的车间，像面对'新物种'一样，饶有兴致地认真'侦察'起来。"这是《南阳一家"小字辈"企业为何吸引全区同行"老大哥"来观摩》一稿的开头，用了镜头感语言，带着悬疑，呼应了大标题。原来，这家"蜗居"在南阳街道的装备制造业"小企业"速博雷尔，只做减速机，通过智能化改造，已成为亚洲产量最大的 RV 减速机制造工厂。记者手记《"钻牛角尖"般的执着与向自我"开刀"

图 2-16　《南阳一家"小字辈"企业为何吸引全区同行"老大哥"来观摩》版面

并不矛盾》提出，萧山经济的韧性就藏在每一个细微之处的坚持中，20 年来，"钻牛角尖"般的执着和耐心，为速博雷尔赢得穿越周期的能力，开辟了新的增长空间（见图 2-16）。

2 月 22 日见报的《吉达：从"草根"到"独角兽"的赶超之路》，讲述了藏在楼塔大山深处的一家汽配企业，从 8 个人 8000 元的工作坊起步，到生产的汽车配件钢背类产品在全国市场份额占有率 60% 以上。记者将这个"草根企业"逆袭为"萧山样板"的案例写得非常生动，并通过透视一个企业的发展，提出了观点：

"大山封印不住'草根企业'的洪荒之力"。

培育出刘畊宏的无忧传媒，是萧山信息港里名副其实的"网红造梦工场"，这家 MCN 机构签约的网红主播达人超 10 万人。稿件围绕一个大问题"从素人到千万级网红，谁复刻了他们？"通过"造梦工场为谁造梦""网红可以批量孵化吗""无忧版图扩大的潜在逻辑是什么"等三个方面展开，在新媒体平台收获了极高的关注度。

这些报道都体现了党媒"透过现象看本质"的思辨力，不仅让经济报道厚重起来，更为萧山经济"冲刺开门红"注入了强劲的媒体力量。

记录城市历史　感知时代精神

——萧山日报匠心策划"三大厂"融媒体报道

钱　嫣

"三大厂"是萧山的专有名词、特定的历史符号，是指初创于二十世纪五六十年代的杭齿、杭发、杭二棉，在那个时代，它们是萧山国营大厂的代表。

时代变迁，如今的"三大厂"或破产、或转制、或重组，但它们却留下了萧山几代人的生命印记，见证了萧山半个多世纪的城市巨变。

2022年8月，萧山日报用一本影集、一个影展、一场主题沙龙和一组融媒报道，引发了无数萧山人对"三大厂"的集体回忆，也从全新的角度再次诠释了萧山精神的内核（见图2-17）。

记者耗时三年　定格城市印记

留下"三大厂"的记忆，源自萧山日报摄影记者范方斌对摄影的价值追求和他对杭齿的个人情结。从小就跟随父亲在杭齿长大的他，当得知杭齿即将搬迁的消息时，就萌生了做一次纪实拍摄的念头。

图 2-17　"三大厂"摄影展相关报道

2018 年 4 月起，范方斌开始利用碎片化的时间，投入杭齿的纪实拍摄。第二年春天，恰巧"赶上"原杭二棉家属区棉北里实施房屋征收。于是，他又"泡"在腾房现场，为杭二棉的老职工们拍摄在棉北里最后的生活光影。

从杭齿到杭二棉，这些零散的拍摄，激活了老范青少年时代的记忆，也引发了一个中年人对历史、对那些正处于消逝中的现实的沉思。

在与报社领导、同事的交流与探讨中，一个更大的拍摄计划诞生了——为萧山"三大厂"留下时代影像。

历时 3 年多时间，范方斌用手中的镜头聚焦"三大厂"，他走遍了与"三大厂"相关的角角落落，拍摄了 6000 多张照片、采访了 500 多名职工、收集了 300 多份文书资料。最终，他从中精选了 100 个人物、100 个场景汇集成书，于 2022 年 8 月正式出版摄影作品集《三大厂——城市影像档案》。

融媒宣推策划　成就记者匠心

对萧山日报而言，《三大厂——城市影像档案》不仅仅是一本记者的个人作品集，它更是记载着萧山发展的一段故事。编委会一致认为，要精心策划好以"三大厂"为主题的融媒宣传推广活动，让更多人了解"三大厂"的历史，感悟城市的变迁，并通过宣推活动来展示萧山日报记者的匠心。

8月21日，韵味萧山App率先发布范方斌的人物专访《历时3年多记录100个人物100个场景　本报摄影记者用镜头讲述萧山"三大厂"的凡人凡事》，并透露"三大厂"摄影展的消息；8月23日，萧山网以及《萧山日报》的《文化》版同步跟进图文报道；8月28日，萧报各媒体平台全面发布"三大厂"摄影展及主题沙龙的直播预告，宣传力度不断推进。

8月29日，"三大厂"摄影展在湘湖畔的高帆摄影艺术馆开幕。此次活动由杭报集团、区委宣传部、中国美术学院中国摄影文献研究所主办，萧山日报社、区文联、高帆摄影艺术馆承办，浙江省摄影家协会指导，萧山档案馆、萧山区摄影家协会协办。一个记者出书、办展，能得到上级单位和宣传主管部门的认可，无疑是莫大的鼓舞。

开幕式后，还举行了"昨天、今天、明天——从三大厂走来"主题沙龙活动，特邀"三大厂"的代表分享难忘的独家记忆，并共同探讨"三大厂"对于萧山经济社会发展的历史意义。

当天，韵味萧山App、萧山日报视频号都对开幕式和主题沙龙进行了全程直播，引发了市民的广泛关注和共鸣，网友留言更是温度满满，认为"对三大厂的记录，回顾的是历史，聚焦的是时代，展望的是未来"。

肩负时代担当　挖掘精神内核

"拍下就是历史。"范方斌一直信奉这句话。他说："作为一名记者、一名摄影师，聚焦时代变迁，记录百姓生活，留存历史资料，讲好萧山故事，是我的使命与责任。""三大厂"展所呈现的，正是这名党媒记者的时代担当和新闻情怀。开展以来，已吸引 5000 余人前来观展，其中最多的是"三大厂"的老员工及他们的后代。

事实上，"三大厂"展的意义又何止记录历史？镜头下的百人百物，亦是"奔竞不息、勇立潮头"的萧山精神的写照。这一百个人，是数万"三大厂"工人的代表，也是千千万万那个时代产业工人的代表。他们辉煌过，也失落过，但他们没有在命运面前低头，仍然奋发图强，像萤火虫一样发出自身的光芒。他们的精神滋养着这座城市，以及后来的创业者。正是在他们之后，萧山大地上一批民营企业如万向、传化等应运而生，续写新的传奇。

从这个意义上说，萧山日报对"三大厂"的策划报道，也是一次对城市精神内核的挖掘。

第三篇

融媒传播迭代

精耕本土社交，基层新闻客户端怎样"自我造血"

陈　蓉　邱　芳

　　韵味萧山 App 项目经过技术升级，重新架构布局，于 2022 年 5 月 21 日正式上线（图 3-1）。

图 3-1　2022 年 5 月 21 日，韵味萧山 App 上线仪式

新上线的韵味萧山 App，是一个致力于让用户 360 度沉浸式体验萧山美好的融媒体平台，既为用户提供高品质的新闻资讯，也精心培育优质的社交圈，努力打造最受萧山市民欢迎、最具用户价值、最有自身造血功能、最酷、最新、最有萧山本土影响力的主流 App。经过一个多月的正式运营，韵味萧山 App 逐渐走上了正轨，媒体属性、分享属性、交互属性、电商属性这四大属性越来越凸显，也为基层媒体的新闻客户端建设探索了新的方向。

增强媒体属性：尽享阅读的美好

韵味萧山 App 以人文精神为核心，发现萧山的美好；以新技术、新视觉为引领，创新传播方式；以优质新闻、社交互动为动力，凝聚城市共识。

从媒体属性来说，全新上线的韵味萧山 App，是扎根萧山的一个区域新闻传播平台，面向萧山农村和城镇，记录富有泥土气息的鲜活新闻，见证发展变迁。它也是一个社情民意沟通的桥梁，打通了新闻传播的"最后一公里"，让新闻报道生动有趣易读。"萧报深读""萧报快读""萧报悦读"这三大品牌，让用户第一时间触摸热点。

萧报深读，包含深度报道、调查报道、湘湖时评等内容。对一些重要政策、重要社会现象、市民关注的政治经济社会等多个方面的内容进行深度解读。上线以来推出了"萧山制造业高质量发展""共同富裕萧山范"等系列深度报道。同时，全新呈现的评论栏目《海波嗨论》也备受关注，20 天内发稿 37 篇，对国内热点事件"及时评"，本地焦点事件"快快评"，展现出活泼、犀利、网络化的风格，成为韵味萧山 App 输出观点和价值的重要力量。

萧报快读，聚焦用户关心的议题和身边的美好，第一时间发布新闻资讯。在首页推荐中，《一份特殊的暑假作业》《一键预约！萧山校园体育场所，7 月 5 日起全面对外开放》《肌肉对决！这场全国比赛在萧山楼塔举行，现场荷尔蒙爆棚，第一名太厉害》等等有趣好玩的内容，在首页大图突出呈现，使得接地气的新闻报道更具视觉冲击力。

萧报悦读，对反映萧山文化特色的内容通过融媒体报道方式进行重点推介。对萧山日报副刊精品栏目《夜航船》加以融媒化，以"文＋声＋画"的方式，通过韵味萧山 App 平台同步呈现，让这个老牌栏目一下子变得"有声有色、有情有味"起来。

同时，韵味萧山 App 增加了视频呈现。AI 虚拟主播"小韵"于 7 月 15 日正式亮相。"小韵"通过采集录制真人的声音素材，再通过声音标注以及机器的深度学习算法，就可以构建出其发音声学模型，在此基础上，输入任意文本即可实现在线播报。在虚拟场景的构建中，"小韵"可以将各类新媒体素材信手拈来，实现视频、音频、图像、文字的全媒体呈现。接下来，通过"AI+媒体"技术，在突发新闻、热点评论、直播连线等方面，"小韵"都可以快速上岗，保证新闻传播的及时性、新鲜性、趣味性。另外，根据不同场景，"小韵"也将尝试个性化上线不同形象、不同语音，变得更加清新、更有颜值。

这些突破与尝试，让韵味萧山 App 的内容丰富而多样，承担起一个区域性媒体客户端的媒体职责（见图 3-2）。

凸显分享属性：小红书式地打卡家乡

助力乡村振兴，是韵味萧山 App 的一大特色。作为一个区域型媒体客户端，需要更加深入地扎根这片热土。

古色古香的村落，得天独厚的自然风光，或是现代田园风貌，萧山的乡村千姿百态，各具特色，韵味萧山 App 专门设立"美好镇村"版块，记录家乡的山水

图 3-2　韵味萧山 App 界面

与风情，呈现美食与美景。韵味萧山 App 把空间交给用户，通过小红书式的打卡，让用户上传心目中的美好家乡，记录自己的生活点滴，无论是一段视频，还是一张图片，或是一段文字，都是对这座城市的描绘，更富市井与烟火气息的呈现，让城市形象更生动，更立体。

目前，韵味萧山 App 上，已有瓜沥镇、临浦镇、衙前镇等 20 多个镇街，横一村、欢潭村等多个村社进驻。杨梅节期间，不少网友在客户端版块上传了不少跟杨梅有关的图片，展现家乡的风貌。插秧比赛、玉米节、赛龙舟……各种各样的照片呈现了一个多样的萧山乡村。

未来，"美好镇村"版块将实现萧山镇村的全覆盖，让更多人在这里见证家乡的发展变迁。

激活交互属性：设立萧山人的生活圈子

韵味广场的入口在韵味萧山 App 首页底栏正中。人人可参与，一键"进场"，记录日常、种草分享、新闻爆料，这是韵味萧山 App 升级后增加的社区互动频道。为不同的兴趣爱好者设立不同的圈子、小组，在这片天地找到志同道合者，成为大家交流分享日常生活的广场。广场就像一座城，只要有足够多的人在这里，就会碰撞出故事，产生内容。在运动、摄影、美食、乐活等版块，大家因为相同的爱好而相聚，随手就能分享美好生活的点点滴滴。

韵味萧山 App 全新亮相后，推出的首个活动是"5·21 韵味萧山"湘湖毅行活动，受到了众多市民的喜爱和支持，一天时间内有 200 多位市民报名，最终百位市民从湖山广场出发走出了百朵"玫瑰花"的轨迹，共度有爱的"521"。毅行过程中，用户通过韵味萧山 App 广场分享，当天广场发帖量超 150 条，通过点赞送礼等方式激发粉丝注册、发帖、转发的积极性，提高了韵味萧山 App 的知晓度和参与度。

在正式运营的一个多月时间里，韵味萧山 App 已经推出了 12 个互动活动、20 余个广场话题，像"经典诵读打卡""春风十里""初夏的样子""阅读的世界"等话题和活动，吸引了一大批用户互动参与。

新增电商属性：让家乡的味道香飘万里

在韵味萧山 App 上，重磅推出的韵味馆，能够更加直接地触摸到萧山的乡村。

韵味馆包含了许多家乡味道，"瓜沥馆""楼塔馆""河上馆""戴村馆"等，每一个以萧山镇名命名的韵味馆，都汇聚了该区域最具特色的农产品。无论是"楼塔馆"的毛笋干、番薯，还是"河上馆"的蒸糕、酒酿馒头，抑或"瓜沥馆"的桌布、空调毯等家纺好物，每一件都透着亲切。不仅有家乡的特色好物，还有远在千里之外萧山的对口支援地康定的特产，康定的松茸、牛肝菌、羊肚菌等，都可以在韵味馆一键下单，让康定最新鲜的土特产走出大山，走上市民的餐桌。

　　韵味馆通过发掘推荐销售萧山好货，成为一个助农增收、推介家乡的平台。韵味馆在与农户对接过程中，发现了戴村的"跑步鸡"，这种鸡飞奔在山野间，穿梭在稻田里，饮用甘甜山水，跑够 100 万步才算得上"毕业"。韵味馆几次推出戴村"跑步鸡"，都受到了网友的追捧，销售一空。像这样挖掘本地优质农产品，让这些原本不为人知的好产品让更多人知道，架起农户和消费者之间的桥梁，也是助农增收的一种方式。

融媒体视域下视觉产品创新探索

陈　蓉　　胡吉楠

　　媒体推进深度融合，要求媒体融合从技术融合走向一体化发展，从物理反应走向化学裂变，实现"资源通融、内容兼融、宣传互融、利益共融"。

　　媒体融合所要求的"内容兼融""一体化"思维，让视觉产品越来越受到重视。随着媒介使用场景的多样化，媒体内容的表现形式逐渐丰富，而视觉产品以其直观的特点，在一定程度上促进了媒体融合发生化学反应。

　　基于这一思考，萧山日报在探索媒体融合内容制作时，把视觉产品创新提高了一个层面，尝试更多先于市场预期的设计与创意，制作了手绘插画、平面海报、数据化制图以及配合 MG 动画、H5、视频的形象设计。其中，"手绘萧山节气""手绘城市地标""萧山城市月历"等已具备独立视觉产品气质，颇受用户欢迎。

手绘萧山节气："有关萧山是什么模样"的不断提问

　　海德格尔在《世界图像的时代》中指出："从本质上讲世界图像，并非意指一幅关于世界的图像，而是指世界被把握为图像了。"海德格尔将"关于世界的图像"与"世界被把握为图像"区别开来，这对视觉产品的制作具有方法论意义。

萧山日报制作的视觉产品中，"手绘萧山节气"的策划，就是基于这一思考的视觉产品（见图 3-3、图 3-4）。与其说手绘系列是对萧山不同时节的记录，不如说是就"萧山是什么模样"的不断提问。

第一幅手绘萧山节气图，描绘的是惊蛰前后萧山西河路两边玉兰花盛开。萧山的春天很美，西河路上的玉兰花开，花朵连成片，如海一般。以往每年这个时候，我们总会用照片、文字形式记录下这番景象，发布在微信、微博或报纸上。2019 年，我们期望以萧山不同时节的景象为素材，创作一款视觉产品。同时，也希望这个策划能成为一股力量，助推萧山发布 App 等平台树立品牌形象。

对萧山不同节气的描绘，并不是简单的照片复刻。我们期望这款视觉产品具有历史视角，能带给用户共情。创作惊蛰手绘图时，我们找了很多图文素材，去了西河路实地观察，从不同角度、不同表现风格构思了多个方案，最终确定的方案是将玉兰花与乡镇企业大楼的大钟结合，玉兰花代表当下时节，大钟讲述老城区的过去与现在。

惊蛰手绘图发布后，获得不小反响，这给予我们信心，促使我们不断思考，怎样才能让这个系列对表达"萧山是什么模样"有价值。

萧山是一个不断变化的地方，不同节气里人

图 3-3 手绘萧山节气海报：寒露

图 3-4 手绘萧山节气海报：小寒

们有不同的劳作，生活在不同区域的人则有不同的心理地标。选择手绘对象时，我们选择了一些乡镇地标和当下时节的蔬果花卉。这个做法，让人有共情，有新知。

春分，描绘的是开满郁金香的南江公园；清明，描绘的是海棠花盛开的北干山。到了谷雨、立夏时，我们做了新的尝试。萧山的谷雨与茶有紧密联系，于是，我们选择戴村的茶山作为手绘题材；在表现方法上，采用中国风的插画绘制手法。谷雨手绘图发布后，收到诸多好评。立夏，我们索性让靖江的"飞机人"从豌豆丛中"长"了出来。

相比之前的图，后面几幅节气图细节更丰富，更重视色彩与光影的表现。小满，描绘的是楼塔谷物饱满的景象。芒种，描绘的是欢潭井边石榴花开的景象。夏至，描绘的是所前杨梅满山红的模样。小暑，描绘的是人民路上大樟树挺立的画面……

手绘节气图以 App 开屏页、朋友圈海报的形式发布，同时作为当日节气稿件内插图。相较于文学，视觉艺术更具有"通约性"。

手绘城市地标：挖掘城市记忆视觉与思维共振

"图画一直是最有保证的传递思想方式。"沃尔特·李普曼在《公共舆论》一书中写道。他强调，如果受众有机会积极思考某种视觉表达中的内容，并将它与自己的处境相联系，那么其中的符号系统将成为持久的记忆。

正是基于对沃尔特·李普曼这一论点的思考，萧山日报制作了手绘城市地标系列视觉产品，期望以一组城市地标来挖掘人们对于萧山的记忆。

2019 年 6 月，报社派出多路记者，征集、寻找和采访萧山的地标。这些地标有的是牌坊，有的是建筑，有的是山林，有的是桥梁，有的甚至只是一棵大樟树。我们探寻地标背后的历史故事、人文故事，以及它们对当地老百姓实际生活或精神世界所起的作用。

要让一张手绘图与人们的思维产生共振，不是一件容易的事。在制作过程中，我们认识到，找到每一个地标与当地百姓情感共振的点，并将之具象化，是这组视觉产品的核心任务。以"萧山人民路上的大樟树"这一地标为例，这棵160多岁的大树，位于萧山老城区主干道中央，在萧山人的语境里，"大樟树"已经成为这个片区的代名词，人们对此最有感触的记忆莫过于"我们都是在这棵大树底下成长起来的"。于是，我们在描绘这一地标时，仔细还原了周边街道景象，包括街道上的每一家店铺，店铺上的各个门牌……在发布这幅手绘图之前，我们也做了互动引导，有意识邀请用户分享他们与大樟树的故事。果不其然，这幅图发布后引起不小反响。

在这些年风雨洗礼下，有的地标保存完好，有的地标却不再是人们记忆中的模样。对于变化较大的地标，是如实描绘现在的模样，还是复刻过去的老照片？经过多次讨论，我们选择了第三种方式：既不复刻现在，也不完全照搬老照片，而是还原这一地标最引起萧山人情感共振的历史阶段。

同时，加一点生活元素或有本地特色的植被、果树等元素来强化共鸣。"运河""萧绍海塘""二桥书屋"等地标的描绘，都使用了这一方法。

从2019年6月至10月，报社共推出26幅城市地标手绘图，并配以文字、视频等进一步讲述这些地标背后的故事。这是萧山首次对地标进行集中展示，也是首次以建筑、河流、桥梁、大树等物象为坐标，描绘了属于萧山这座城市的情感图谱。

这组视觉产品的制作过程和社会反馈，带给我们更多启发。一方面，能引起大家思维、情感共振的视觉产品，意义非凡；另一方面，作为融媒体视域下的视觉产品，天生有讲述故事、传播内容的使命，在研发一组视觉产品时，个人视角、历史视角、文化视角、道德视角等优先于绘画技术。

萧山城市月历：视觉载动信息，创新叙事模式

萧山历史悠久，自古以来，水陆并行、物产丰富。对土地的珍惜、对家乡的热爱，一直是萧山精神的底色。通过视觉产品讲述萧山的自然风物、民俗文化，让大家更好读懂萧山，一直是我们想要做的事情。

2019 年，我们启动了"萧山城市月历"项目。每个月第一天，发布一张城市月历图，月历上标注当月节日、节气、民俗活动，以及当月自然物产等。这项策划也是我们对叙事模式的一次创新。

项目策划的起点是每个月月初发布的海报。原本的海报系列反响不错，朋友圈转发率蛮高，但我们还是想对海报做一些原创性改进，并考虑怎样让这张海报载动更多有效信息。另外，我们还考虑是否能够创新模式，让内容贴近萧山人的生活，成为一个贯穿一年甚至更长时间跨度的项目。"城市月历"的想法随之产生。

图 3-5　手绘城市月历

2019 年 4 月 1 日，第一份城市月历发布。月历上方是一幅描绘乡村风貌的手绘图，月历中囊括了萧山进化清明果、所前樱桃、戴村映山红等多个镇的民俗风物，标注了清明、谷雨、世界读书日等节气与节日。这份月历发布后，得到关注和好评。用户评价，月历形式一目了然，萧山乡村的自然风貌有了画面感，同时也为当月出行提供了直观参考。还有用户反映，月历对于让孩子了解家乡、开展博物教学很有帮助（见图 3-5）。

每个月第一天清晨，我们都会准时发布月历。该系列收获用户良好口碑的同时，也获得萧山一些乡镇、部门的关注。有乡镇主动为我们提供素材，把城市月历系列作为展现乡镇风貌的一个重

要平台。

这个系列另一个价值是，为视觉产品创新提供了新启发。在内容传播过程中，文字、图、视频并不是替代关系。相反，视觉产品是对文字本身的丰富而非消解，是对文字本身的深化而非解构。结合手绘节气、城市地标系列，我们可以看到，文字与视觉产品可以起到互为载体的作用。

伴随而来的是我们对用户视觉产品需求的引导，图片不再仅仅为了美化版面，图片中有信息更有情怀，且适应不同移动端格式实现多次传播。这也是报纸视觉产品转型的一个出口。

结语

"人类灵魂所做过的最伟大的事情就是睁眼看世界。"英国艺术家、批评家约翰·鲁斯金的这句话，似乎在融媒体时代更加振聋发聩。

近年来，媒体融合发展在我国取得了一定成效，但在媒体融合发展过程中还存在不少问题：把传统媒体与新兴媒体的融合，理解为简单相加，难以发挥媒体融合的合力。如何让媒体融合发展实现从物理效应到化学反应的实质性转变，是当前媒体工作者关注与探索的焦点所在。

萧山日报以视觉产品为切入点，尝试通过视觉产品的创新，营造开放互动的叙事模式，更加有效地增加内容传播力与影响力，这一探索或许能为媒体深度融合提供价值参考。

（本文发表于《中国报业》2020 年第 7 期）

可视化战略布局，萧山日报视频品牌"几维"如何"出圈"

钱 嫣 王 晖

2021年6月17日，萧山日报"主播计划"启动（见图3-6），首批20余名主播作为萧山日报"主流网红"培养对象，在视频访谈、新闻直播、专栏直播、线下活动等项目中担起重任，让内容产品更具现场性和参与感。这是萧山日报在可视化发展进程中迈出的又一创新步伐。

图3-6 "主播计划"启动仪式

自 2019 年将视频产业明确为融合转型"一号工程"以来，萧山日报积极探索、大胆创新，孵化打造"几维"视频品牌，通过组团队、建基地、强培训、拓市场，不断夯实视频产业发展基础，努力提升视频内容策划、创作与生产能力，在竞争激烈的视频市场探寻一条"出圈"之路。

战略决定方向，明确视频产业重要地位

短视频行业的风起云涌，为传统媒体推进媒体融合转型提供了重要切入点。2019 年，萧山日报认清形势、把握趋势，开启了全方位可视化战略布局，从人力、资金和资源上全力支持视频平台打造和原创内容体系建设。报社抽调原发布中心和萧山网的视频专业人员，联动成立"几维"视频工作室；采购或调配近百万元的专业设备，用于视频内容生产，探索培育"几维"视频品牌。

2019 年，借力华媒控股，共同规划筹建视频制作基地，并于 2020 年下半年建设完工。该基地位于华媒智谷一期 25 层，建筑面积约 280 平方米，分录影棚、录音室、剪辑区、工作区、化妆室、库区、观影会议室等多功能区块，具备虚拟演播室、讲坛、后期特效拍摄、静物平面拍摄、小型创意室内布景拍摄等功能，能够满足新闻类特殊创意短片、特效拍摄及后期剪辑、制作等需求，大大提升了视频的生产能力和制作效率。

队伍决定能力，持续推进全员技能转型

随着市场对视频产品需求的日益增大和萧山日报媒体融合的深入推进，视频人才成为紧缺资源。萧山日报一方面对外积极招引专业人才，另一方面对内加强

现有人才的培育。

2020 年以来，依托"萧报大讲堂"，共开展 10 余场视频业务培训，从内容策划、拍摄技巧、剪辑技术等多角度切入，全面提升采编人员基本视频制作能力；举办"我的战疫日志"抖音大赛、"红心向党"短视频大赛等业务竞赛，在报社内部营造全员学习视频生产制作的良好氛围。尤其在采编、政务、经营部门，经过融媒体报道、网络访谈、直播带货、线上课程的历练，涌现出了一批会拍会剪、懂直播、能主持、敢创新的视频人才。

为更好地适应媒体可视化传播的需要，提高视频创作水平，2021 年初，华媒控股和萧山日报共同牵头，在原"几维"视频工作室的基础上，进一步整合资源、探索创新，分解组建 7 个视频小组，采取"兵团式"作战方式，合力推动视频产业发展。3 月 29 日，成立"几维"视频研究会，并拟定一个网上虚拟社群、一个定期研讨制度、一个轮流主持制度、一个内部购买市场、一个业务合作通道和一个智库服务平台的"六个一"工作机制。目前，该研究会已围绕时政类总结性专题片创作、采访拍摄技巧和布光、风光类视频创意设计等主题开展了多期业务研讨。

2021 年 6 月 17 日，启动实施萧报"主播计划"，以韵味萧山 App、萧山日报视频号、萧山日报抖音号等新媒平台为载体，推出一批视频栏目，全力培育萧山日报"网红"。主播团队除做好日常重大新闻事件和突发事件的采访直播外，还参与视频节目录制、直播活动、政务视频拍摄等，多层面推广"几维"品牌（见图 3-7）。

作品决定口碑，积极塑造品牌影响力

为推进视频内容生产，萧山日报以融媒体改革为抓手，积极搭建"7+3+X"融媒传播平台，拓宽视频传播渠道，全方位提升"几维"视频品牌影响力。工作室

图 3-7　萧山日报主播为镇街主持活动

成立以来，推出了一系列精品佳作：

短视频《家的味道——萧山萝卜干》亮相亚洲美食节，并代表萧山特色美食宣传片在杭州发布、学习强国等平台播出；《遇见萧山，遇见你！我为家乡代言》视频 H5，精彩呈现萧山城市品牌，得到区委主要领导的批示肯定。

2020 年，几维三组（华媒团队）承接"亲清在线"系列宣传片 6 集，均上线西湖先锋 App；2021 年，为"亲清在线"平台制作的年度宣传汇报片获国务院办公厅好评，登上中国政府网。

业务决定效益，不断开拓更大市场

随着"几维视频"的稳步发展，各团队承接的视频业务种类日益丰富，并逐步实现了社会效益和经济效益的双提升。目前，主要视频业务包括以下几个方面：

一是承接区委、区政府交办的相关视频业务。2020 年为学习强国萧山学习平台制作推送近 100 条原创短视频作品，40% 被全国平台选用；萧山网承接各类直播访谈，推出"复工政策我来答——局长专访"系列融媒体访谈、"三个年"镇街一把手网络访谈等共 34 期，2021 年"亚运兴城"攻坚年行动系列访谈共计 38 期，录制《周末剧场》近 70 场。二是为镇街、部门提供视频服务。2021 年以来，为宁围、盈丰、瓜沥、所前、临浦等政务合作镇街拍摄制作各类短视频 100 余部；联合萧山博物馆推出《走进萧山文物》系列纪录片，在萧山发布 App、学习强国杭州学习平台相继开设专题推送，萧山博物馆因此成为学习强国优秀供稿单位。三是丰富融媒体报道中的可视化内容。为区两会、建党百年、"萧报圆桌汇"等专题专栏制作短视频、H5，春节期间推出的区委书记拜年小视频，首日点击量超 60 万；滨江小组依托《天堂硅谷》打造可视化栏目《看滨江》，一扫二维码，新闻"动"起来。四是助力活动宣推。为"@萧山·原味生活节"等各类经营活动提供视频支持，制作活动预告片、小记者招生宣传片、杭州大学生创业大赛人物访谈片等，并进行活动视频直播。五是为少年学报视频供稿。2020 年，学习强国·少年学报供稿中心共制作短视频 493 篇，100 多篇被全国平台选用。

"几维视频"将乘势而上，再接再厉。对外加大业务拓展力度，加强对市场需求的摸底调研，进一步拓展系列片、专题片等新业务、大项目，如依托少年学报平台，在探校、探园、探展等教育类短视频方面拓展业务合作；对内推进机制创新，进一步探索内部市场化招标机制，打通各视频小组之间的业务合作通道，保持团队活力与竞争力。

4天6场，收获百万流量，萧山网直播助力企业复工

金春燕　程　栋　林佳杰

2020年2月22日上午，正值全省疫情防控一级响应期。还未正式复工的萧山网，接到区里的一个紧急任务——立即启动"复工政策我来答——局长专访"大型融媒体访谈活动。

时间紧、任务重，我们克服困难立即行动，仅仅用了1天半时间，就做好了所有筹备工作。访谈如期启幕，4天时间，6场访谈，邀请12位局长走进直播间，不但确保了每场访谈的顺利播出，更收获了上百万的点击量，获得了萧山区委、区政府和社会各界的高度肯定。

一个几乎不可能完成的任务

融媒体访谈，作为区委、区政府每年的重点宣传活动之一，萧山网已承办多年。尽管已驾轻就熟，但因为是直播，每一个细节都不容有失，所以前期的准备工作繁多。此时，大部分员工还处于居家线上办公状态。如何在这特殊时间，完成任务？

我们立即成立对接联络、新闻报道、编导文案、直播主持、技术安全、后勤保障等工作专班。当天，对接联络、材料准备、专题制作等相关人员连夜着手筹备。

　　由于准备时间短、各部门复工扶持政策多，萧山网各工作组加班加点、手机不离手，从 2 月 23 日起每天都是修改对接第二天的专访文案到午夜时分。经过大家持续的高强度运转，活动开始前 12 小时，1 个活动总方案、6 个执行方案、7 个专访新闻专题、6 个直播页面、6 个背景图、16 张海报、12 位局长的工作照拍摄、直播平台信号测试等所有筹备工作完成。

　　2 月 24 日上午 9：30，首场"复工政策我来答——局长专访"网络直播如期与网友见面（见图 3-8）。

图 3-8　助力复工复产大型融媒体访谈

要播出安全更要防控安全

　　接到访谈任务后，我们重点从物资配备、人员排查、消毒工作等方面做足防疫安全准备。

　　物资配备方面，配备防护口罩、84 消毒液、消毒洗手液等疫情防控用品。

人员排查方面，对所有参加访谈的工作人员，做到每天两次测量体温；统一安排中餐，让员工在自己的位置上就餐，减少不必要的接触；对所有参加访谈节目的领导嘉宾做到"三查"，查是否戴口罩，查健康码和检测体温。

消毒工作方面，每场节目开始前 1 小时，对办公区域、演播室、访谈桌椅等进行消毒；访谈结束后，再次进行相关消毒工作。

此外，为了减少人员接触，与各部门的前期筹备会全部改为线上进行，"云对接"成为常态。为此我们细化了每一步操作流程，形成详细的书面指导文件，并指派专人与各个局进行一对一沟通，这虽然大大地增加了工作量，但减少了病毒传播的概率。

让枯燥的法律条文"生动"起来

2020 年 2 月 24—27 日，区发改局、区经信局、区金融办、区农业农村局、区商务局、区文旅局等 12 家职能部门负责人，分别走进萧山网演播室，与网友"面对面"交流。

政策解读，很容易做成枯燥的法律条文宣读。怎么将这些晦涩难懂的政策，用通俗易懂的形式展现在网友面前？如何兼顾节目的实用性和生动性？

此次访谈还有一个变数，就是复工政策随时在调整，有些条款直到直播前一刻还在改动更新中。在这样的现状下做直播，无论是对我们还是对局长而言，都是比较大的挑战。

为此，我们花费了大量的时间研究各部门政策，尽量做到对政策理解准确，并且反复核对避免差错，基本上都是沟通到访谈当日的凌晨才定稿。结果不负众望，最终，这些复工政策被转化成一个个当下企业经营者最为关注的热点话题，如：我区出台了哪些扶持政策助力企业复工复产？扶企惠企政策的执行落实情况如何？除了包车、包机外还有哪些政策红利？职工医保单位缴费部分减半征收怎么操作？目前企业面临招工难困境，政府可提供哪些服务？……网友们"怒赞"，每场访谈都"干货满满"，不但实用还好看！

大胆创新 让局长们做了回海报主角

为了最大程度地把复工政策宣传到位，除每期的预告外，萧山网还做了一个大胆尝试——为每位局长拍摄一张"海马体"工作照，并制作成精美海报，在朋友圈、网络上转发扩散。

这个看似简单的创意，操作起来的难度却相当大。短时间内，要拍摄12位领导的照片本就不易，再加上疫情期间，局长们真的太忙了，一个会连着一个会，好不容易约好了又临时有事。无奈，我们只能去会场外守着、下班后去蹲点、趁周末去赶……过程，可谓艰辛。

萧山的局长们以往对外的形象还是较为传统的，这次以"海报明星"的形象展示在市民前面，他们能否适应这种转变？既要展现良好的风貌，又要维持合适的"度"。为此，我们提前做了大量功课，从表情、服装、POSE各个方面入手，最终，呈现的效果非常惊喜。

海报上包含了当天直播的主题、嘉宾、时间、二维码等，识别二维码就能进入直播间，便捷又耳目一新。海报一经推出就被许多人点赞转发。此举不但吸引了更多的人参与到访谈中来，更展示了局长们良好的工作风貌，在区县一级，应该算是比较新颖的尝试。

多媒体互动　6 场访谈收获百万流量

本次访谈，我们再一次实践了多媒体的融合互动，实现了"1+1+1>3"的效果。

每次访谈前，萧山日报、萧山网和萧山发布各媒体平台都会对专访进行预告；专访中，萧山网、萧山发布 App 对专访进行同步直播；专访后，《萧山日报》以整版内容刊登，萧山日报官微、萧山发布官微和萧山网官微也对专访文字实录进行全文刊发。

多媒体联动，使参与人数持续处于高位，宣传效果叠倍增加。据不完全统计，仅萧山网和萧山发布 App 两个平台，6 场专访的总在线观看数突破百万，这几天的报纸也被许多企业经营者作为资料收藏下来。

每期专访的互动平台也吸引了大量网友留言互动，6 场专访共收集到近千条网友留言。可以说，本次局长专访由于时机特殊、主题热度高，得到了社会的广泛参与和认可，许多网友为我们点赞。

融媒体"全套练兵"，火车杭州南站惊艳启用

金 波

"火车杭州南站将启用"，7 年了，这句话在萧山，绝对和"狼来了"一样。直到 2020 年 6 月，才渐渐感觉到，这次，可能是真的。此时，萧山日报新一轮融媒体改革刚刚完成，所有人和事还处于磨合期。而对于火车杭州南站何时启用、是否启用这样的关键信息，地方上也一直没有准确信息。

在猜测中、在摸索中、在不确定中，萧山日报采编团队，进行了一场摸着石头过河的融媒体练兵。

要啥有啥　一桌融媒体"满汉全席"

我们从策划开始，不再局限于单一媒体的表现形式。经过前、后端（采访中心、发布中心）的密切合作，这一次的报道，其表现形式之丰富，更像是一次融媒体的"满汉全席"。

一次图文滚动。2020 年 6 月 29 日，一推再推的南站媒体探营活动开始了。我们首先确定，火车杭州南站揭开神秘面纱，是关注度非常高的事件，要直播。然而，面临不清楚线路、背景资料不全面的窘境，我们做出了图文直播的选择。交通线

的记者、联系建设单位的记者，首先出马，收集了外围交通、广场布局、站房设计、火车线路走向等全套的图文资料，和后台小编一起，进行了一次"模拟探营"，整理出了探营的时间轴，以及时间轴上各个关键节点的信息要素。

到了探营那一天，记者从现场发回该点位的现场视频报道，后台小编把现场的视频报道和准备好的背景资料，用时间轴串联起来，形成了一条信息翔实、逻辑链完整的滚动图（视）文直播。

一场视频直播。7月1日，火车杭州南站正式启用，杭绍城际列车同时开通。这对于萧山来说，是有历史意义的一刻。我们为这一刻配置的是视频直播。当天，采访中心的记者低调出镜：视频记者靠一台手机，完成了半小时的直播（见图3-9）。我们的镜头，抓拍到了前来参观（坐车）的市民、按动启用键的历史性时刻、第一趟城际列车进站的画面，超过21万人见证了这些有意义的时刻。

一版深度解读。而对于《萧山日报》来说，深度解读火车杭州南站启用的意义，成为这一天的核心产品。《杭州南"归来"的"三字诀"》以整版的篇幅，报道这一事件：对正处于赶超跨越发展关键期的萧山而言，杭州南的"归来"，

图3-9　火车杭州南站开通直播

图 3-10 "南站归来体验"专版

带来的不只是钱塘江南岸唯一一座客运铁路站，也不只是一座大型综合交通枢纽，更是一种以高铁经济区综合开发为代表的枢纽经济新模式，以及在区域一体化大语境中，萧山城市地位的重新确立、城市价值的再次提升、城市能级的持续放大。

一趟体验之行。 家门口的火车站启用了，不体验一下实在对不起 7 年的等待。在 7 月 1 日当天，我们安排了 4 路记者，分别向杭州东、绍兴、黄山、嘉善（上海）方向做了一次出行体验。出行是否方便、时间是否缩短、乘坐体验是否舒适……家门口的火车站为我们的工作、生活带来怎样的便捷，我们的记者做了全流程的体验。最温情的是，一位老家是嘉善的记者，匆匆回了趟娘家，看望了老父亲老母亲，又匆匆返回赶稿子，感慨："回家吃顿妈妈做的饭，真的能实现了。"当天，这样的体验之行，转化成了新媒体产品、纸媒产品，以图文、视频的方式呈现，并被学习强国以"史上最快"的速度审核通过（见图 3-10）。

一组图文海报。 在这场融媒体"满汉全席"中，海报也成为新的成员。我们通过海报，预报了直播，展示了工程人员的付出，对新闻事件进行了要点提示，形成了强烈的视觉冲击，也串起了各个媒体融合互推的桥梁。

指哪打哪　融媒体"全套练兵"

对于萧山日报融媒体采编人员来说，除了见证历史时刻，更有意义的是：

第一，我们在这一次的实践中，修炼了"融媒体转型"所需要的技能。

对于报社的记者来说，出镜、直播、现场反应、多形式媒体产品生产，成为必备的技能。黄婷是一个入职仅一年的新记者，从收集资料、写图文直播脚本，到现场出镜主持、拍摄视频，再到文字成稿，在短短几天之内无师自通地全试了一遍。王慧青是文字能力很强的老记者，但视频直播当天，落落大方、条理清晰，驾驭现场的能力一点不输电视台的专业主播。视频记者陈源，还在见习期，一人一机搞定了直播。

而这些产品的背后，更离不开后端小编的无缝对接和专业发布。他们就像一个个巧手的裁缝，把前端发回的碎片化的要素，整合成了华丽的媒体产品，在最恰当的时候，以最恰当的方式，呈现出来。

第二，我们在这一次的实践中，强化了"融媒体转型"最核心的思维。

对于习惯报纸采编的我们来说，与"融媒体"相匹配的用户意识，一直是我们的弱项。这一次，从策划到执行，我们用一个问题贯穿始终：如果我是用户，我想得到哪些信息，我能提供哪些信息，我更愿意以何种形式接收这些信息……在这样的思维模式下，我们把新闻事件、动态信息、宣传要点、深度思考等各种内容都做了梳理，在策划之初，就为每一个新闻点量身定做了表现形式、播（刊）发载体。

如：初次探营的时间是在周一上午的9点，考虑到用户对探营的图、表、影像需求，同时又囿于工作时间的限制，我们采用了图文直播的方式进行。这样既能吸引一部分即时流量，又为那些关注此事的用户提供了能清晰回看并对重点信息进行精准提取的方式。

第三，我们在这一次的实践中，完善了"融媒体转型"的框架体系。

执行这一次报道时，距离萧山日报融媒体改革不到一个月。全新的部门构架、全新的职责要求，对所有部门都是一次考验。在实践中，我们随时修正着我们的工作模式、前后端沟通方式，并在实践后及时召开复盘会，对整个策划执行中表现出的优点、缺点进行总结。来自一线的记者、编辑在复盘会上，提出了最为实用的意见建议，为萧山日报的融媒体转型打下扎实基础。

"寻访萧山红色印记"，让历史通过融媒生动展现

邱　芳　贺一萍

"寻访萧山红色印记"，从 2021 年 4 月下旬启动，到 7 月 1 日结束，报道小组走过萧山的七镇九村十馆，这里的故事就像《觉醒年代》的姐妹篇，用单元剧的形式讲述了国内革命战争、抗日战争时期，老中青三代萧山人前赴后继、披荆斩棘的岁月。

用手绘制图，展现红色印记的地理位置；记者小编出镜，通过镜头来展现萧山红色场馆的情况；动画展现，讲述感人至深的红色故事；一个 H5 串联，让萧山所有的红色印记交织起来。运用丰富的融媒体手段，"寻访萧山红色印记"的报道，获得了较好的传播效果，各平台总阅读量超过 70 万人次（见图 3-11）。

"老"故事，讲出新意

走访萧山的红色革命地，以这些红色地标为起点，重现在萧山发生的重大历史事件，纪念重要历史人物、革命烈士、英雄模范，离不开的是讲故事。两个月，"寻访萧山红色印记"融媒体报道小组走过萧山的七镇九村十馆，面对大量资料和之前的报道，"老"故事怎么讲才有新意？

图 3-11　2021 年，"寻访萧山红色印记"融媒体采访

挖掘红色精神与萧山发展之间的联系，是主题采访的主要核心。因此在首站衙前农民运动纪念馆的预告篇中，我们用凤凰村的今昔对比引出那场具有划时代意义的农民运动。那场农民运动为什么会发生在萧山的这个小山村？百年前的农民为什么这么拼？与主题呼应。在接下来的寻访中，我们提前准备了充分的历史资料，并从中找出了多个备用的侧重点和小切口。故事切入点大多来自纪念场馆中具有唯一性或者特点明显的展品，比如衙前农民运动纪念馆中的公斗，佛山村爱国英雄事迹陈列馆中的一块练功石，萧山青年运动纪念馆里裘古怀的遗书……这些小角度切入，让人物和故事更加接地气。

李成虎、徐梅坤、杨之华、楼曼文、钟阿马等萧山革命先烈的英雄故事串起来，看起来像《觉醒年代》的姊妹篇。我们用单元剧的形式讲述了在农民运动、工人运动、中国妇女解放运动，以及抗日战争、解放战争时期，萧山老中青三代人的前赴后继，并在危机重重的境遇下，建立了杭州第一个党组织，组建共青团萧山县委……展现出了萧山革命者的觉醒历程。

创新产品，让"命题作文"更生动

萧山的红色印记、红色故事，很多已经被大家写了多遍。但是，在中国共产党建党百年的时刻，我们来回望萧山的百年红色印记，是为了再次走进历史，让更多的人特别是年轻人回望这段历史，照见今天的幸福生活。为了让这个"命题作文"更生动和丰富，我们运用了多种融媒体手段，来呈现这组报道。

手绘海报是一个"锚"，为我们定位寻访萧山红色印记的方位。这些手绘图，运用相关镇街地图的轮廓，在红色印记地标位置手绘了场馆和主要人物，并附上简介。不同的地方，匹配不同的颜色，比如所前的点基础色都是蓝色，萧山青年运动纪念馆和相关人物裘古怀的配色一致，戴村用的是黄绿色系，楼塔的基础色是黄色……这样的设计，把地点的内在联系展现了出来，把海报单独拿出来看，也是一件精美的作品。

以往红色故事都是以图文为主，本次报道采用视频、MG 动画两种不同视频形式，通过不同的角度对萧山这些红色地标以及红色故事进行呈现，让更多的用户感同身受。视频，运用的是记者出镜介绍的形式，深入展现萧山的这些红色场馆。记者出现在镜头面前，对红色场馆娓娓道来，一方面拉近了与用户的距离；另一方面也需要记者对这个红色地标有更多的了解和深入的解读，为记者采写红色故事激发了更多的灵感。需要出镜，意味着大家需要提前对这个地标了解更多，准备好出镜词，迫使大家在出发前做足更多功课。同时，也意味着记者小编临场要有更强的应变能力。一次次出镜，也是一种与前辈们的"对话"，对他们有更多的了解，大家才能把稿子写得更加有血有肉有看点。

而 MG 动画则从另一个角度来讲述红色故事：运用动画的形式讲述红色小故事，让萧山红色印记更浅显易懂，拉近与读者的距离，让读者能借助视频回顾历史，重回那段激情燃烧的岁月。

到活动收尾时，我们推出了 H5，网友们可以一站一站跟着我们的红色足迹，"云"游萧山。回首来时路，寻访初心地，萧山之变呼应着百年斗争，如今萧山百姓在新时代的美好生活中，应当永记那段披荆斩棘的悲壮。用前人的革命精神激励前行，收获更好的明天，升华了此次寻访之路的意义。

直播全　发布快　解读深

——萧山日报围绕"萧山机场再扩容"开展融媒大作战

钱　嫣

2000 年 12 月 28 日，杭州萧山国际机场建成投运，这是值得百万萧山人自豪的一件喜事。多年来，萧山人习惯把这个家门口的机场简称为"萧山机场"。

萧山机场建成后，每一次的扩建都会成为省市区各级媒体关注的焦点。2022 年 9 月 8 日，萧山机场三期工程核心项目 T4 航站楼的试投运也不例外。提前得知消息的萧山日报，第一时间制订直播计划和融媒体报道方案，力争在与上级媒体的"同题"比拼中，展现本土"作战"优势。

移动直播确保"稳"

根据直播计划，萧山日报直播的主要内容是以旅客为"第一视角"，对到达机场、值机安检、进入候机大厅这一系列环节进行解读和预演。为了让直播更专业、更权威，连线记者专门联系了一位熟悉机场内部环境、擅长沟通表达的机场工作人员，辅助直播讲解。与此同时，直播组及时制作预告海报、做好设备调试，出镜记者提前熟悉 T4 航站楼的基础材料。

9 月 8 日 8：30，四人直播小组提前半小时到达机场，走完一遍流程。此时，"杭州萧山国际机场新建 T4 航站楼国内航班试运行　记者带你去探营"的预告海报已经在本地朋友圈刷屏。9：55，萧山日报视频号正式开始直播。现场主播与机场工作人员从出发大厅的值机岛开始，一边走一边介绍，带着网友们"云逛"新航站楼（见图 3–12）。

整个直播过程中，不仅有对机场整体现状、新航站楼设计理念及亮点、各功能区分布等知识介绍，还有对值机旅客的现场采访，可谓"干货满满"。直播小组的"场控"也实时关注屏幕，及时提醒主播回答网友提问。"现在出发去机场有哪些途径？""以后 T1、T2、T3、T4 航站楼怎么区分，会走错吗？"这些网友的提问都得到了在线解答，互动性十足。

图 3–12　2022 年 9 月 8 日，萧山机场 T4 航站楼试运行直播

新媒体发布力求"快"

50 分钟的直播结束后,直播小组又马不停蹄,着手准备新媒体内容,力求第一时间发布。

在等待第一批旅客到达时,四人小组围坐一起,分工整理新媒体发布素材。主播放下话筒,结合直播所见所闻,对已准备好的文字稿作进一步补充完善;直播摄像将沿途拍摄的视频内容进行剪辑,制作成短视频;摄影记者则开始把拍摄到的旅客和机场照片传输至后端。

11:15,当拍下第一个航班抵达 T4 航站楼的视频画面后,所有内容已准备妥当,并传送给后方的官微小编。

12:24,萧山日报官方微信头条推送《第一个航班刚刚抵达!总投资 270 亿,今天萧山机场 T4 航站楼试运行!》,文、图、视频、延伸阅读,融媒要素基本齐全。这则消息,不仅是区内首发,而且比杭城其他最快发布的媒体还早了 9 分钟,阅读量迅速破万人次。

纸媒解读突出"深"

新航站楼的建成,对机场而言是完成了新一轮的扩容。然而,站在城市发展的高度,一次次的扩容背后又有何深意?

带着这样的思考,次日的《萧山日报》继续推出专版,对 T4 航站楼试投运的消息进行了"深加工"。

整个专版以《萧山国际机场:从"梦想蓝天"到"千万级别"》为题,图文结合,回顾了萧山机场 22 年建设运营历程和一期、二期、三期的"三步跨越",并深度剖析了萧山机场在城市国际化战略中的重要地位和意义,信息量大,纵深感强（见图 3-13）。

如果说 1991 年，萧山以土地入股建立机场是萧山城市发展史上的一个重要里程碑。那么如今，萧山国际机场三期工程建成并试飞，则是萧山城市发展史上的又一次重要跨越，必将推动萧山经济社会发展迈上新的更高水平。这也正是全文的落脚点。

从移动直播、新媒首发到纸媒的深加工，萧山日报在此次机场扩容的融媒报道中，充分把握了"时、度、效"，体现了融媒传播手段的多样性和内容表达的差异化。而整个报道团队，也从中积累了宝贵的实战经验。

图 3-13　《萧山国际机场：从"梦想蓝天"到"千万级别"》版面

"阿米巴"合作　全媒体联动

——萧山日报融媒团队首次完成"1+7"大型直播活动

张　磊

2022 年 9 月 20 日，是第 20 个全国公民道德宣传日，萧山区委宣传部、区文明办联动全区各镇街、部门开展"喜迎二十大　文明向未来"公民道德宣传月主题活动。为了对活动进行全景展示，萧山日报大胆尝试"1+7"多点连线大型直播，打好宣传月主题活动融媒宣传战（见图 3-14）。

图 3-14　公民道德宣传月活动

团队应战　"阿米巴"模式解题

本次公民道德宣传月主题活动确定有 8 个直播点，这对直播工作提出了很高的要求。一场直播，要包括主播、摄像、场控、导演、技术等众多工种。同时满足多路连线直播，萧山日报该怎么做到？首先要解决人员问题。

"越是艰难的任务，越能体现我们的实力。"社长、总编辑陆伟岗如是说的底气源自报社以可视化为突破口的融媒发展成果。近两年来，萧报大力推进可视化建设，先后推出主播计划、成立"几维"视频研究会，组织全员可视化能力培训、考试和系列直播大练兵，力争实现"人人都能做视频，个个都能上'战场'"的可视化发展目标。

2022 年以来，报社继续推进以报网端为重点的深化融合工作，优化整合报网端资源，以"阿米巴"工作模式，组建六大融媒体工作室。根据业务特点，组织专业人才，创作融媒产品。遇到重大活动，各小组打破界限，通力合作。

此次直播，报社就从六大融媒体工作室抽调了 30 余人组成专班，他们分别来自报社采访中心、发布中心、政务中心、经营中心、社办以及萧山网等多个部门。一声令下，迅速集结，团队应战。

多点连线　融媒能力大检阅

"1+7"个点位直播，意味着需要多路直播同时进行，并完成流畅的场景切换。从 9 月 16 日接到任务开始，直播团队导演组就怀着"首战用我，用我必胜"的信念，利用双休日的时间，日夜兼程做准备。

9 月 19 日上午，专班人员全部到位，区委宣传部副部长、区文明办主任王伟东和萧山日报社社长、总编辑陆伟岗亲自部署动员。直播工作分成指挥导播组和 5

个直播小组，每个小组确定一名组长，对自己点位的直播任务进行统筹细化。同时，每个组安排一名场控，统一接受总导演的指挥。

每个小组的成员虽然来自不同的部门，但是在直播工作中却表现得非常默契。经营中心徐海成是报社的知名主播，也是主会场直播小组的组长。组建小组以后，他便联系活动负责人，明确活动流程，撰写直播脚本分发给组内各人。社办驾驶员胡永平时对摄影、视频制作很有兴趣，这次作为"新兵"被抽调到直播小组，接到拍摄任务后，他便争分夺秒做起了准备，实地踩点、研究怎么使用设备，怎么运镜。萧山网单佳飞也是参加直播的新人，从事综合管理岗位的她几天前以优异成绩考取了三级网络营销师，这次担任直播协调工作显得游刃有余。

全媒传播　30 万人次云互动

9 月 20 日 14：30，"喜迎二十大　文明向未来"公民道德宣传月主题活动在萧山日报视频号、萧山网视频号、韵味萧山 App 以及文明萧山视频号同步直播。5 位主播用个性化的语言条分缕析地介绍现场活动，并亲切地回答网友们的提问。

直播间里点赞不断，互动不断。"刚那个主播好看，请多切她的镜头。""想看看刚才的快闪！""八场活动内容很精彩！""我为文明萧山骄傲"……对公益快闪、文艺表演、趣味游园，网友评价"形式新"；对交通路口的文明礼让实测，网友们直呼给力。据统计，共有"30 万 +"人次观看了本次直播。

这次大型直播活动，是对萧报融媒传播能力的一次大检阅，从此也将开启萧报多点网络直播的新征程。当然，这次大胆尝试也给我们提出了许多新的课题，比如：在大型活动中，特别在多线路的直播中，导播、场控如何更有效地跟观众进行互动？在切换的时机和网络的保障上，如何更安全、有序，更具趣味性？

融媒创新，作为主力军的我们，一直在路上。

AI 赋能 +App 联动，虚拟主播如何助力融媒体创新

周　婷

2022 年 7 月 15 日，萧山日报新媒体矩阵新朋友——虚拟主播"小韵"正式上线。说天气，播新闻，小韵带来的全新日播栏目《八点热播》，在韵味萧山 App、萧山日报视频号、萧山网视频号上线发布。截至 10 月 10 日，节目已播出 88 期，每期时长 2—3 分钟（见图 3-15）。

图 3-15　小韵《八点热播》栏目

　　"小韵"可爱的形象、丰富的动作、精准的口型，赢得了众多"粉丝"的青睐，也给观众朋友们带来了收看新闻耳目一新的方式和体验。作为 AI 主播，"小韵"的出现不仅让《八点热播》鲜活起来，更让萧山今夏的高温和台风等天气新闻变得"有血有肉""干货满满"。这档节目除了播报天气资讯以外，在播报新闻、技术制作、创新形式、AI 赋能、App 联动等方面还有哪些亮点？

人机交互实现双语播报

　　首先，在播报新闻方面，虚拟主播"小韵"不仅播报全区当日天气，解读未来趋势，也网罗萧山近期和天气有关的热点事件，与观众一起聊聊发生在萧山及周边的故事和萧山市民衣食住行上的各种问题，为广大市民朋友精心推荐饮食、周边出游玩法等资讯。

　　上线以来，《八点热播》结合高温天气，推出了"热点早报""城市热事""避热良方""小韵推荐""小韵提醒"等几大版块。在《炎炎夏日，"暑"你最美》《致敬白衣天使　愿你"医"路坦途》等节目中，"小韵"聚焦萧山各部门工作人员在酷暑高温天和防疫一线的工作状态，为大家带来最新鲜的防暑、抗疫等热点新闻。《八点热播》还特别开辟了"小韵提醒"栏目，实时关注萧山乃至全国当日的"疫情动态"，科普一些防疫和生活中的小窍门、温馨提醒、注意事项等等。

　　首先，在技术制作层面上，"小韵"这一虚拟主播的原理，是通过采集录制真人的声音素材，再通过声音标注以及机器的深度学习算法，构建出其发音声学模型。在此基础上，输入任意文本即可实现在线播报。未来，在虚拟场景的构建中，"小韵"可以将各类新媒体素材信手拈来，实现视频、音频、图像、文字的全媒体呈现，可谓是"神通广大"了。

　　其次，在创新形式上，为了让栏目变得更有趣味，更有新鲜感。播出第一周，《八点热播》就实现了真人与虚拟人的互动，比如《小韵佳琪pk，夏日飞花说"热"》，真人主播和虚拟主播"小韵"比赛绕口令。

同时，根据实际内容尝试实现了双语播报，创新制作了《双语播报 萧山花边火出国》《杭州下冰雹 龙井香出圈》等节目。萧山日报虚拟主播"小韵"的上线，还受到了中国日报、中国网等媒体的关注。

最后，在AI赋能方面，根据不同场景，"小韵"还个性化上线了不同形象和不同语音，变得更加清新也更有颜值。不论是短发黑裙主播范儿，还是黄色运动风装扮，每一个造型"小韵"都拿捏得妥妥的；声音上，"小韵"也尝试了突破，在"御姐"和"萝莉"音之间实现了流畅切换。

深入萧山镇街发现美好

国庆长假中，"小韵"结合时下流行的本地"微度假"方式，向大家重点推介了萧山乡村旅游、杭州西溪秘境、家门口重阳登高、特色露营基地、网红小吃街和人气场馆打卡点等短途吃喝玩乐"微攻略"。

民以食为天。"小韵"第一时间下到"基层"，深入萧山各个镇街，寻觅萧山犄角旮旯的好物，发现本土及周边"舌尖上的美好"，包括所前的葡萄、新街的荷花糕、楼塔的干菜蒲头等；多款"韵味萧山商城"的农特优产品在"小韵推荐"版块每日上新，包括富阳的建莲莲子、临安的保鲜笋丝、云南的玫瑰苹果、石台的富硒走地鸡等，受到网友们的青睐。

值得一提的是，新闻节目《八点热播》和韵味萧山App联动，不仅开辟了《小韵来了》节目专栏，丰富了App内容，还和App上"韵味商城"电商平台联动，对在"小韵的后厨"——"韵味馆"节点上架的农特优产品进行双向导流和重点推介，让具有本土特色的好货好物进行内容输出，打通零售终端并火爆销售至周边和其他地区，实现了社会经济效益的"双丰收"。

在小韵带火的产品中，既有河上稻田鳖、南片土鸡蛋，也有各色限量好物，比如西泠印象和赋刻的联名香氛挂饰，一上线就获得消费者的喜爱，成为"销量王"。其中，非常受欢迎的戴村"跑步鸡"，首次上架后不到一小时就一抢而空，在后台粉丝们的催促下，几度上线并返场销售。

这种销售模式，不仅在同类市场上另辟蹊径、打开了销路，打响了本地农产品的名号，更在全国消费者心中形成了良好的口碑，为一些受地域限制的农产品销售难的局面开拓出了一条值得探索的"新路子"。

AI 赋能媒介融合创新

"小韵"上岗以后，许多用户对《八点热播》制作过程和幕后花絮感到十分好奇。其实，每天"小韵"在屏前顺利播出，离不开幕后制作团队的努力。

整个编辑团队犹如在一个"中央厨房"中工作，大家各司其职，一环扣一环，每天标准化地运作。2 名文案编辑，主要负责文稿综合整理；2 名技术制作，主要负责技术研究及日常视频制作；1 名视频发布，主要负责视频号分发推广、数据统计；监制及审核各 1 名。

制作流程上，早上 10 点上报选题，文案编辑组浏览各种新闻，撷取当天最有价值的新闻点、最新鲜的采访线索，做一个提前预判或实时跟进，完成第一步的"选料"。接着，图片美工、视频剪辑、动画制作组会根据题材选择合适的表现手段，准备好相应的基础素材。下午 4 点，文案编辑组再次确定主要版块文字信息，视频制作组根据文字进度进行 AI 合成。出片后初步送审，微调、定稿、定标题，再次修改送审，晚上 10 点终审后定时分发。

节目播出后，收到了热烈反响。同年 9 月，在此基础上，节目团队精心策划了"我是小韵"配音秀大赛，面向广大用户，线上为"小韵"广泛征集萧山"好声音"。AI 主播"小韵"也作为"神秘嘉宾"匿名参与票选，其声音得到了广大网友们的支持和喜爱。

同时，主办方在韵味萧山 App 上设立了大赛互动区，设置了网络人气投票环节，提升参与度和美誉度，并在萧山日报、萧山网官微予以公布，实现了与线上线下粉丝及合作商家的良性互动，增加了节目潜在用户的黏性。

人工智能技术的发展与运用已全面渗透到媒体行业的业务流程中，不仅丰富了媒体表达形式，也加速了媒体智能化转型的进程。可以看到，虚拟主播"小韵"的上线，无疑是萧山日报在构建全媒体传播体系中的又一次突破。下一步，通过"AI+媒体"技术，在突发新闻、热点评论、直播连线等方面，"小韵"也将陆续上岗，进一步提升新闻的时效性和传播力。

赋能媒体融合　打造安全可靠稳定的技术平台

萧山日报技术中心

　　网络安全与新媒体技术是媒体融合的基础，更是促进媒体融合发展的关键因素之一。2020 年以来，萧山日报技术中心根据杭报集团和社委会的要求，抢抓"融合新阶段"发展机遇，紧紧围绕报社"三创三强"工作重心，积极赋能报、网、端深度融合，努力打造安全可靠稳定的技术平台。

突出管理创新　构筑网络安全防线

　　随着互联网的快速发展，网络安全成为被高度关注和重视的热点问题。报社在媒体融合转型发展过程中，新媒体和新技术被广泛应用，使传统网络安全管理工作面临全新的挑战。

　　技术中心在集团技术处的统一部署下，在萧山日报网络安全领导小组领导下，着重突出技术创新和管理创新，出台了《萧山日报网络安全管理办法（试行）》，明确职责分工，分层推进落实网络安全各项工作。一方面，按照上级管理部门对网络安全的相关要求，添置了新型标准化网络防火墙、上网行为管理系统等安全设备，对报社各网络进行重新梳理，摸排各类安全隐患，使其满足高规格的等级保护要求。另一方面，进一步完善报社网络安全管理体制，做好组织保障、技术合作等方面的工作。加强与集团网络安全公司的合作交流，及时开展网络安全技术培训，充分利用外部的技术优势，提升自身技术水平。同时，加强内部管理，实行上网设备实名登记制度，引导养成良好的上网习惯，多措并举抓紧抓实报社网络安全工作（见图 3-16）。

图 3-16　机房日常巡检

围绕核心业务　加强技术研发能力

三年来，技术中心紧紧围绕报社融合发展大局，努力提升自身技术水平，在纸媒、新媒、视频等核心业务中不断探索，积极发挥技术先导力，引领融合发展。

在传统纸媒业务上，技术中心认真应对，稳步推进采编一体化工作。2020 年萧山日报采编系统在原有基础上再次升级，通过网络专线直连方式接入集团采编平台，正式成为杭报集团采编系统的子系统。升级后，使用统一的采编平台，更稳定、更便捷、更安全。

在新媒业务上，技术中心积极探索，努力开拓，认真学习新技术，掌握新本领，引领新发展。在了解市场需求后，充分挖掘自身潜力，全身心投入研发工作，先后为多个微信公众号制作 H5、开发小程序等，多项业务获得业务单位领导的好评。

在视频业务上，技术中心始终把可视化转型作为头号工程，自主学习设备使用和拍摄技巧，并把直播平台管理、播控技术、设备管理作为主要的学习发展方向。其中，技术中心基于钉钉宜搭平台开发的影像设备管理系统成为报社设备管理的新亮点。通过线上审批和线下管理完美结合，使设备登记、使用申请、审批发放、归还清点、归类统计等每一个流程都能在钉钉平台精准呈现，大大地提高了设备管理效率。技术中心还充分发挥自身优势，利用现有资源，自主研发线上直播技术，在疫情防控期间圆满完成了多次线上采编培训保障任务。此外，技术中心还全程参与了各部门发起的多场直播活动，中心工作人员尽职尽责，全力做好直播业务的技术保障工作。

在技术研发上，技术中心积极鼓励部门员工进行技术研发方向的探索。几年来，技术中心根据报社实际业务情况痛点，在全面调研的基础上，克难攻坚，先后完成多个系统的自主研发，已在实际使用过程中见效并受到使用部门好评，既节约了外部购买成本，也为报社在自主研发方向踏出了坚实的步伐。

如 2020 年度，完成报社内部好稿评选系统开发、"几维"视频内部招投标系统开发；2021 年度，完成经营中心汽车小程序、家装小程序系统开发，宜搭业务系统流程重构等；2022—2023 年度，先后完成报社小记者业务系统开发、报社圆桌汇小程序开发、两会 H5 开发等多个项目。

其中，经 2021 年中国报业技术奖项专家委员会评审，中国报业协会审核通过，技术中心推荐申报的《基于 django 的好稿投稿评选系统》和《几维视频内部招投标系统》案例，荣获"2021 年全国报业媒体融合案例优秀奖"，技术员俞凌峰同志荣获"2021 年全国优秀新闻技术工作者"称号。

推进智能化改造　提升服务保障水平

近三年，国际国内形势风云变幻，大事要事多，技术中心积极探索新技术、努力寻求新模式，以更好地满足实际工作需求，圆满完成建党百年、党的二十大等多个重要活动节点的技术服务和安全保障工作。

尤其是疫情防控期间，面对瞬息万变的防控形势，技术中心严格遵守值班纪律，明确岗位职责，制定各项应急预案，按照疫情防控要求，在最短时间内调配网络和相关设备，设置多处夜班编辑临时独立办公点，保证采编业务平稳开展。加快推进无纸化办公，不断完善钉钉线上办公平台。在遇到隔离的特殊时期，使用钉钉会议已成为各部门的不二选择，技术中心精简领用流程，按照相关规定及时登记发放摄影摄像设备，满足一线记者应急采访需要。

技术中心还稳步推进大楼智能化改造工作，2023 年初，全新的一卡通系统正式上线。"刷脸进门""刷脸消费"已经成为报社大楼办公的日常标配。同时，技术中心还陆续完成五楼夜编室、六楼中央控制室、一楼会议室、二楼活动室和九楼大会议室相关设备的智能化改造，越来越多的智能设备，不仅让智慧办公更便捷，也让老大楼焕发出勃勃生机。

与人工智能同行，AI 写作助手赋能采编

俞凌峰

随着人工智能技术的快速发展，特别是大模型技术（LLM）的日益迅速迭代，各行各业都迎来了巨大的变革。单就媒体行业而言，互联网的普及和数字化媒体的崛起，使得新闻信息的数量和传播速度都大幅提升，传统的人工采编已经无法满足快速、大规模的新闻生产需求。

加之一些人为因素干扰，新闻报道的准确性和一致性难以保证。新闻采编人员在面对大量信息时，也容易疲于应对，无法及时把握重要信息。对于一些常见但是容易出错的文字问题，亦容易反复掉进"陷阱"里。

针对以上痛点及综合考虑 AI 技术的发展，萧山网技术团队开始思考，如何将人工智能应用于新闻采编领域，以提高新闻的生产效率和质量。

首先对市面上流行的大模型数据进行分析，包括 Claude、ChatGPT 和文心一言等，经过反复权衡和比较，最终决定采用 ChatGPT 作为我们 AI 写作助手的底层模型。ChatGPT 具备强大的语言处理和对话生成能力，能够生成高质量的文本内容。它在保持高质量生成的同时，通过更好的指导性对话和对话历史的处理，提供了更加灵活和可控的对话生成能力，这使得我们的 AI 写作助手能够应用于新闻领域。

为此，我们组建了一个精干的团队，经过 3 个月左右的封闭式开发，组建了一支包括产品、美工、前端、后端在内的"特种兵"，大家紧密配合，通过团队

的努力，克服了大模型流式接收、数据传输等方面的一系列问题和挑战，研发出了一套适合新闻行业的"AI写作助手"（见图 3-17、图 3-18）。该系统基于先进的自然语言处理和大模型技术，能够自动分析和整理大量的信息，并生成高质量的新闻稿件。采编人员只需输入相关的数据和要求，系统将自动生成符合要求的新闻稿件，能大大提高采编效率。面向未来，我们将通过自定义训练模型数据的方式，定制生成属于自己的新闻大模型，更符合实际生产需要。

目前 AI 写作助手的功能模块包括自动化生成新闻稿件、快速生成其他多种类型的文字稿、全文校对与润色以及针对专业性较强的新闻稿件生成对应的"面具"（mask）：

（1）自动化生成新闻稿件。系统能够根据输入的数据和要求，自动生成符合新闻规范的稿件，减少了采编人员的工作量。针对具体稿件，可以进行续写、扩写、总结、翻译、学术改写等。

图 3-17 "AI 写作助手"主要界面

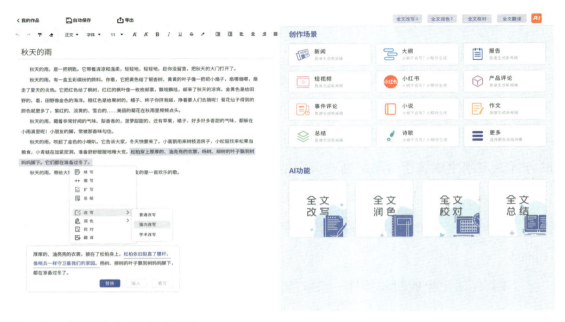

图 3-18 "AI 写作助手"校对界面

（2）快速生成其他多种类型的文字稿。例如大纲、报告、评论、总结、诗歌等，还能根据短视频内容生成新闻稿。

（3）全文校对与润色。系统可根据文章内容，选择某段文章进行校对，根据校对结果，会提示相关语法问题、标点问题、错字提示、敏感词提示等，帮助提高新闻采编人员的稿件质量。

（4）针对专业性较强的新闻稿件，可生成对应的"面具"。例如，设定该 AI 为金融从业者，再要求 AI 生成相关的报道时，AI 会跟进设定的"面具"，提供非常专业的金融方面的术语及词汇，为记者在专业化领域的报道提供非常精准的助力。

目前该套系统正在萧山网进行内测完善当中。根据编辑人员的反馈，采编的效率得到了相当大的提升。经过测试，给定一篇文章的主题和内容，生成一篇相对准确的 1000 字左右的文章仅需 20 秒左右。随着 AI 技术的不断进步和系统的日益完善，我们对它的展望更加乐观。不久的将来，AI 写作助手系统将成为萧山网新闻生产的重要工具，为采编人员提供更多的帮助和支持。

　　当然，我们也要客观理性地看待 AI。作为一种工具，它也不可避免地存在着一些弊端，例如：缺乏创造性，它可能无法提供独特的观点和深入的分析；语境理解有限，它目前还无法完全理解复杂的语义和情感含义，导致生成的文本不够准确或符合预期。而这些，正是专业记者所要培养的核心技能。因为，它作为日常采编方面的助手，还不能完全替代专业记者的作用。

　　未来，我们将继续改进系统的性能和功能，提供更多样化的服务，满足不同用户的需求。我们相信，通过与 AI 写作助手同行，技术将继续赋能采编，推动新闻行业的发展。

第四篇

品牌栏目锻造

脚下有泥、心中有光，"总编走基层"如何持续深耕

金 波

最好的风景在基层，最好的故事在一线。基层是新闻的富矿，也是创新创业的大舞台。2022 年 2 月底，萧山日报启动新一年度"总编走基层"活动，深入萧山基层镇街，深入挖掘当地"助力萧山高质量打造新时代共同富裕新标杆，当好全市领头雁、成为全省排头兵、争做全国先行者"奋斗进程中的鲜活范例。

十年规定动作　走出浓厚感

自 2011 年，新闻界启动"走转改"活动以来，萧山日报坚持每年年初开展"总编走基层"活动，报社班子成员带队，全媒体联动、全方位服务，讲好基层故事。10 多年来，萧山日报总编辑（副总编辑）以记者身份走基层写报道，已经成为一项规定动作。

2022 年，萧山日报"总编走基层"活动贯穿全年、覆盖全区所有镇街、平台，掌握第一手的基层新闻动态、服务需求。围绕"共同富裕""亚运之年"两大主题，首期梳理出萧山经济技术开发区、瓜沥、临浦、钱江世纪城等 12 个镇街、平台作为走访目的地，数量为历年来最多。其中 6 个点位，由社长兼总编辑陆伟岗、

萧报传媒总经理王丽芳联合走访，让基层单位感受到萧山日报浓浓的诚意。采访小组与基层人员深入交流，与基层点位主要负责人深度访谈，用专业的眼光和火热的身心，推出了一批来自一线的报道，展示基层干部群众蓬勃向上的精神风貌。这些报道，由报社班子成员执笔、策划、修改，大手笔、小角度，思维深入、文字生动，深受基层的好评。

如在瓜沥镇的融媒体报道中，采访小组走访梅林村（见图4-1）。2002年年末，时任浙江省委书记的习近平同志到萧山梅林村考察，并提出殷切期望。20年来，梅林村发生了翻天覆地的变化，是基层群众牢记嘱托、共建共富的生动实践，梅林村的变化折射着时代变化。采访小组用体验式报道展现了亚运大背景下的新兴体育产业——棒球，表现了亚运对于基层产业结构、人民生活休闲方式的改变。同时，在立意上归纳成"向未来"，充满希望和信心。

在临浦镇的融媒体报道中，古镇的深厚文化味、浦阳江边的清新自然味、柔术馆里的炫彩现代味，以画面叠化的方式展示，配上"好看的古镇千篇一律，有趣的老街万里挑一"的短评，让用户通过图文影像，更新了对古镇临浦的认知。

图4-1 "总编走基层"采访小组走进瓜沥镇梅林村

内容丰富　图文影像融媒体呈现

2022 年萧山日报"总编走基层"采用总编辑（副总编辑）带队，采访中心、发布中心、政务中心等采编核心骨干参与，文字、图片、影像融媒体呈现，纸媒、网站、手机端多平台联合发布的形式，堪称最强阵容、最有力发布，也体现了萧山日报全方位的融媒体采编实力。

在萧山经济技术开发区采访的三天时间里，从拜访区委常委、萧山经济技术开发区党工委书记、管委会主任许昌，到旁听"兵团化会战"的专题商讨现场，再到拍摄采访开发区建设现场，萧山日报班子成员在采访一线做出了表率。在瓜沥镇棒球赛场、临浦镇横一村田间地头，"体验＋策划拍摄＋采访＋剪辑编发"一体化的媒体产品生产流程，体现了萧山日报采编团队在融媒体产品生产中的高质高效。

自 2 月 28 日起，"总编走基层"栏目陆续在萧山日报头版、萧山日报微信、韵味萧山 App 上联动发出，共刊发"总编走基层"系列新闻产品 24 期，收获了影响力、阅读量（见图 4-2）。

图 4-2　"总编走基层"融媒报道

持续深耕 提供全方位智媒服务

随着时代的发展，基层群众对于媒体服务的需求越来越丰富、要求越来越高。在"总编走基层"活动中，通过现场走访，加强用户连接，强化新闻创优，深入践行"脚力、眼力、脑力、笔力"，力求使融媒产品更接地气、更有思想、更有温度、更有市场。

"总编带队＋全渠道宣传＋智库服务"的形式，也是萧山日报社以服务对象需求为导向，充分发挥全媒体传播和智媒政务服务优势的重要手段。在基层走访中，班子成员实地走访各镇街特色工作场景，并与各镇街主要负责人展开座谈交流，为各镇街发展建言献策，共同探讨区域党媒服务基层"智媒＋"新生态，为对外提供优质服务、对内优化机构整合提供了基层意见。

在镇街基层服务持续铺面的基础上，萧山日报又相继在临浦、瓜沥等重点镇街成立"智媒服务中心"，深化媒体服务功能。近年来，在"总编走基层"活动的带动下，萧山日报基层服务的广度和深度有了进一步提升。如2022年3月，衙前镇智媒服务中心成立，纸媒、新媒、视频拍摄、政务策划全方位跟进，萧报团队围绕当地红色资源策划挖掘红色根脉活动；五四青年节前夕，与镇团委合作策划的视频《少年》，充分展现当地青年力量，赢得了市场的口碑。

《百村行》栏目始终做农民的传声筒

金　波　李家连

"风雨兼程 21 载，满腔热情永不变"——这是萧报人坚持开办《百村行》栏目的真实写照。据统计，从 1999 年开始，到 2020 年 5 月止，萧山日报的《百村行》栏目已累计刊发稿件 2330 多篇。这是贯彻落实中宣部、省委宣传部关于开展增强"脚力、眼力、脑力、笔力"教育实践工作的最好诠释。

发力"三农"报道　《百村行》栏目应运而生

1999 年 2 月底，萧山日报推出一个"世纪之约"的创新栏目——《百村行》，围绕一个村的经济建设、企业发展、村民富裕、生态文明等全面工作或某一个方面的特色亮点工作进行报道，通过 100 个村"三农"报道的精准发力，全面展示萧山"三农"工作取得的新成就（见图 4-3）。

《百村行》栏目，作为萧山日报践行新闻战线"走转改"的重要载体之一，更是锻炼采编队伍的重要平台之一，从启动之时便对记者、编辑提出了高要求：住农家房、吃农家饭、聊农家话、写农家事。

1999 年 3 月初，萧山日报正式启动"99 百村行"大型采访活动，明确了报道导向、重点内容和任务要求，并在《萧山日报》头版推出《99百村行》专栏。开栏语明确强调：萧报记者本着"以优秀的作品鼓舞人"的宗旨，带着当时萧山市委提出的19个课题，深入农村，深入基层，走遍每一个村庄、每一寸土地，用手中之笔，真实地反映萧山农村改革开放以来所发生的巨大变化。

图4-3　《百村行》专栏

萧山日报从1999年3月8日推出《99百村行》专栏首篇报道《霉干菜香飘万里——走进益农镇转塘头村》，到12月27日刊发《水乡搏风击浪人——走进城厢镇湖头陈村》，当年报社10多名记者走访100个村，发表100篇报道，在100多万萧山干部群众中引起了良好反响。

持续攻克难题　强化内容亲和力

《百村行》栏目推出一年时，报社编委会坐下来进行了认真的总结回顾，大家感受最多的是如何突破"题材雷同，创新报道难""工作雷同，挖掘深度难""写法雷同，写活报道难"的"三难"瓶颈问题。

经过慎重分析研判之后，萧山日报坚持开办《百村行》栏目，不断完善《百村行》栏目采编方案，出台了"三换"的"三年行动计划"。

换人员：《百村行》栏目采编人员由10名增加到50名，范围从《萧山日报》编辑、记者（含周刊、副刊），扩大到报社旗下的萧山网、手机报等新媒体。

换村庄：由报社总编办（后改称为全媒体管理中心）列出萧山所有村庄名单，从中确定 50 个村庄进行报道。

换角度：围绕改革开放 30 周年，推出"走百村　看巨变——2008 年萧山日报记者百村行"活动；2013 年推出"百村行之萧山边界行"，采访报道各镇街与区外交界村落的特殊文化、经济现象，等等。通过不断转换角度，避免重复和雷同现象，报道就鲜活起来了。

2007 年起，萧山网新农村专题也开设《百村行》专栏，还在报社旗下的萧山网、萧山日报官微、无线萧山、手机萧山网等新媒体发布"沾泥土、带露珠、冒热气"的新闻报道，让更多的人了解萧山基层的新变化、新风貌。

紧贴一线故事　提升报道感染力

要把《百村行》打造成为一个好栏目、品牌栏目，每篇报道不仅要接地气，还要打磨成有底气、叫得响的新闻精品。

《百村行》栏目开设以来，记者与村组干部、村民成了贴心人，记者主动倾听他们的意见和呼声，挖掘了一批好典型，宣传了一些好经验。如《前兴：中国制镜卫浴第一村》，报道了一个小村子从家庭作坊到填补国际空白的木塑料装饰材料生产村的发展历程。又如《浙江"首富村"到底有多富？》，记者通过对航民村这个浙江"首富村"的住房、年收入、养老保险、相关福利等方面的挖掘报道，反映了村民的幸福生活。稿件见报后，省内外不少村自发组团前往取经。

《百村行》栏目还紧贴国家大事要事和区委、区政府中心工作，先后推出多个子栏目。2019 年，开设《百村行——壮丽 70 年　奋斗新时代　美丽乡村巨变》栏目，刊发了 30 个村、社区美丽蝶变的报道，通过一个侧面反映一个村庄的变迁，来全面展示萧山农村的新面貌和新成就；2020 年，萧山日报积极主动配合区委、区政府深入推进基层社会治理工作，开设《百村行2020——清廉村社》栏目，推出了《新坝村："微信治村"实现零信访》《群围村：清廉在线监督小微权力》《丰北村：监督立体化　清风长相伴》等报道（见图4-4）。

新坝村："微信治村"实现零信访

■记者 杨圆圆

以前，义桥镇新坝村群众发现误工费算得不对，怀疑村干部办事有私心，第一反应是去上访。上个月，在村里最新公布的误工费清单中，村民蒋根贤发现自己的误工天数被少算了，他立即通过微信进行反映，拿出证据说明情况。这一错误很快被村里纠正，蒋根贤很满意。

这不是个例。2019年以前，新坝村每年的信访量甚至超百件。义桥镇纪委根据信访线索展开调查后，发现绝大多数都是村民误解。而且农村建房、养老自缴、误工费发放成为信访矛盾的前三名。

村党总支书记张肖林跟义桥镇纪委书记汤琦讨论，"我们搭建个网上平台，把该公布的信息都晒出来，让村民参与讨论，大家共同治理。"

去年7月，新坝村开始探索"微信治村"，开全区先河。新坝村设立村社专属微信号，构建全村朋友圈，推动村社事项"码上知"、群众诉求"码上办"、权力运行"码上督"。目前"微信治村"好友已覆盖全体村民。

原本引发矛盾最多的农村建房，前后要经过两轮朋友圈公示，第一轮是建房资格审批公示，第二轮是建房规模、位置、户型等信息公示。不仅仅是线上公开，村里新建房旁边都竖起一个醒目的公示牌，上面是建房各类信息公示，还有负责村干部的联系方式。村民有异议，可直接提出。

在解决"钱"的纠纷中，汤琦发现留痕很重要。"银行流水查得到，现金没法说。"2018年11月，新坝村开始探索无现金收付模式。

刚开始实行无现金收付时，村报账员葛伟英就遇到了困难："村里有很多老年人没有银行账户，也不会用线上收付，他们觉得还是现金方便。"张肖林发动村干部挨家挨户走访，说服村民开通账户。一个月后，收支转账让财务效率大大提高。"原来发现金时，遇到村民在外地，账就拖在那里，迟迟销不了。现在转账支付，确认好数字，几分钟就办好了。"葛伟英说。

5月2日，村民方吾国收到了一条误工费转账短信。他说："以前找报账员领钱，为了几百块钱跑去真麻烦。现在转账支付，不用去银行存钱，方便多了。"

到今年5月中旬，新坝村基本实现了信访归零。在新坝村村委会前面新立起的一块石牌上，正面写着"微信治村"，反面写着"无现金收支"。这也许就是村里信访归零的秘诀。

图4-4　《百村行2020——清廉村社》栏目

21年来，《百村行》及其子栏目收获了不少荣誉，也让萧山日报在"三农"报道方面与广大读者贴得更近。

（本文发表于《中国新闻出版广电报》2020年9月22日7版）

老栏目开创新模式，双向引流让民生服务更精准

周　颖

2021 年 11 月 8 日，第 22 个记者节，《萧报圆桌汇》栏目获杭报集团 2021 年度最佳新媒（项目）奖。对 2021 年 3 月才新开设的栏目来说，这是激励，更是前行的动力。

《萧报圆桌汇》是一档线上线下结合的话题式议事栏目，线上征集，线下讨论，内参分析，搭建了一个听民声、集民意、汇民智、解民忧的服务平台。在一次次的民生话题探讨中，让群众的诉求和职能部门的民生工程无缝对接，通过双向引流，让民生需求更直接，让民生服务更精准。媒体搭建平台，让百姓与职能部门负责人平等对话，促成了百姓和政府之间建立相互理解、相互支持的和谐关系，有效地服务了百姓和政府部门。

报纸老牌栏目，为何要推融媒体产品？

《热线进社区》是萧山日报的一档老牌栏目，经过多年精心运作，已成为萧山日报的一大公益品牌。但随着媒体用户交互方式的变化，传统的"送公益项目进社区"已无法满足双向交流、精准服务的需求。

融媒体时代，老牌栏目如何开拓新模式？结合萧山日报贯穿全年的融媒宣推大比武活动，推出了全新的《萧报圆桌汇》，每期以一个百姓关切的民生话题为主题开展圆桌讨论，线上广泛问计问需，线下则将关乎民生实事的部门打算、民声民智放到桌面上面对面沟通，让百姓在圆桌上直言民生诉求，相关部门坦陈民生工程计划及进展，让民生实事办成"民心工程"。同时，我们还将收集到的民声民智整理成内参，报送区四套班子领导，以最大的可能性，让各界的需求和心声直达区委、区政府，让民生诉求在后续推进过程中更贴合民生需求、细节更完备，让百姓更理解、更支持、更配合（见图4-5）。

图 4-5 萧报圆桌汇：加装电梯要过几重关

每期圆桌会现场以图文滚动直播、视频发布，萧山日报官微发布和次日报纸专版进行补充详解等融媒体方式呈现，借助微信、视频号、抖音号等社交媒体对新闻产品进行转发，实现刷屏式的二次传播，扩大萧山日报在基层群众中的影响力，履行反映民情民意的媒体责任。

2022年，《萧报圆桌汇》全新改版升级。3月9日，《萧报圆桌汇》第一次以视频直播的方式呈现，访谈现场增加了网友互动环节，与读者互动性以及即时性更强了。

线上线下相互引流的有益探索

作为一档收集民声、汇聚民智的节目，在话题选择上，以民生诉求为导向。在前期走访调研中，《萧报圆桌汇》发现"希望拥有社区老年食堂"是城厢、北干两大老年人集中居住社区居民话题中的"TOP 1"，大家对老年食堂的选址、菜品和价格等都非常关注，对自家社区的老年食堂如何建，大伙儿都有很多话要说，结合 3 月出炉的萧山十大民生实事，首期圆桌会将议题聚焦在了老年食堂的建设和运营上。

议题确定后，线上由萧山日报官微、萧山发布 App 等新媒体发起话题讨论，线下挨个走访 8 家相关单位，与居民代表和相关单位的负责人进行充分沟通。首期圆桌会由项目策划人担任主持，因栏目接地气，加上前期沟通充分，居民、社区、第三方运营等代表与此项民生实事牵头部门区民政局相关负责人同桌议事，萧山发布 App 对现场进行图文滚动直播《萧报圆桌汇：老年食堂如何建？》，萧山日报微信公众号、《萧山日报》报纸等相继发文，从破解老年人吃饭难、公益性和营利性兼顾、实现长效运营等方面展现各方声音。一周内，内参报送区四套班子领导。

已推出的《萧报圆桌汇》中，议题涉及老旧小区改造、错峰出行、红绿灯设置、教育"双减"等，都是老百姓关心关注的民生热点、难点和痛点。

在形式上，积极探索线上线下相互引流新模式。每期圆桌会的议题确定后，线上，充分利用《热线进社区》栏目积累了多年的基层社区资源，借助萧山日报媒体宣传矩阵发起话题讨论，引导线下的居民将意见建议通过萧山日报热线"82654321"和各新媒体端口反映上来；线下，项目组则将收到的意见建议归纳整理后带到了圆桌会现场讨论，让关注这一主题的市民关注圆桌会。活动当天也可以在线上现场留言提问，从而为民生工程的顺利推进献计献策。

通过几期节目，《萧报圆桌汇》在线上线下实现良性互动和相互引流上作了积极有益的探索和尝试，也收到了良好的效果。如在第四期《萧报圆桌汇》聚焦"信号灯设置"发起话题讨论后，萧山日报官微和萧山日报热线在短短四天就收到了500余条各类意见建议，项目组将为何取消变灯倒计时、右转为何左置、如何申请安装红绿灯等老百姓的"高频"提问带到了圆桌会现场，交警部门现场进行答疑解惑，让百姓对信号灯设置的民生诉求直达交警部门。

而交警部门在更深入地了解老百姓的诉求后，在圆桌会现场也表示将对反映比较集中的问题进行实地踏勘，综合各方面的意见后进行合理调整。活动当天的图文直播阅读量也创新高。

广泛而精准，民生事让民声议

《萧报圆桌汇》在嘉宾邀请上，强调全面广泛的参与性、议事主题的精准性，真正做到民生事民声议。

首期《萧报圆桌汇》12名各界代表共聚一"桌"聚焦"老年食堂"，大家畅所欲言，社区谈了老年食堂筹建过程中遇到的难题，居民代表则带着邻居的意见来到圆桌会，希望菜品可以更丰富些，第三方运营单位则希望找到公益和市场之间的平衡点，各方的诉求在圆桌会上都充分表达了出来。作为此项民生实事的牵头部门，区民政局相关负责人表示会把大家的意见建议都带回去作专题研究，找好平衡点，确保老年食堂长期有效运营。

力度空前的"双减"政策在萧山落地两个月来，从家庭作业到校外培训，从课堂教学到课后服务，带来了诸多变化。2021年11月4日，《萧报圆桌汇》聚焦"双减"主题。"双减"是一项多部门协作的民生工程，因此参与对话的部门不仅有区教育局的相关负责人、学校代表和家长代表，还有区发改局、区交通运输局、区交警大队、萧山公交公司等单位的相关负责人。圆桌会现场，就中小学家长最

图 4-6　萧报圆桌汇：聚焦"双减"

为关心的"X 课程"、学后托管收费、放学撞上晚高峰交通堵点如何缓解、校外培训减少后线上是否增加学习资源等方方面面的问题，各相关部门都进行了正面回应，让这项民生工程落实到位（见图 4-6）。

《萧报圆桌汇》邀请"上桌"的每一位嘉宾，都可以畅所欲言，发表各自的见解和意见。正是在这样平等对话的讨论氛围中，圆桌会现场气氛轻松活跃，各方都坚持讲真话实话，只谈问题、对策和解决方案，达到问题导向对接民生需求的目的。

《萧报圆桌汇》每两月一期，栏目的影响力和传播力也在不断提升，并多次得到区委、区政府主要领导的点赞。在接下来的主题选择上，除了民生实事之外，我们还将精心选择公共服务和公共治理中广受关注的话题，发挥新闻媒体解疑释惑、集中民智、民主监督等作用，建立民情专报、结果反馈等工作机制，形成线上有效沟通与线下有效治理的复合联动，从点上的问题出发，推动更深层次的系统优化。

三大新媒体栏目齐上阵
萧山日报新春走基层"有情有味"

钱　嫣

《新春走基层》栏目是萧山日报每年春节期间推出的一道"家常菜"。编辑、记者深入一线，用手中的笔和镜头去记录基层的浓浓年味。

癸卯年春节期间，《萧山日报》按惯例休刊 6 天，但萧山日报各新媒体平台的内容生产和发布并未因过节而停止。萧山日报融媒矩阵围绕"新春走基层"主题，推出各具特色的新春系列融媒体报道，图、文、视频多管齐下，全方位营造"有情有味"的新春氛围。

老栏目、新精彩，记录"我在老家过大年"

每年春节期间，萧山日报都会推出一个固定栏目——"我在老家过大年"，至今已开展近 20 年。在老家过年的记者们积极深入基层，以他们的视角，记录所见所闻，向读者展现各地团圆过节的风俗风貌。

今年的栏目呈现出两大新特点。在表现形式上，栏目从纸媒顺利"搬"至新媒，

图 4-7 《我在老家过大年》栏目

2023 年 1 月 21 日至 27 日,萧山日报官方微信号、韵味萧山 App 每天推送一篇"我在老家过大年"文章,通过大量的照片、视频,展现"过大年"的精彩。在内容上,萧山日报重点聚焦"变化",生动记录疫情前后家乡的变化。比如,老家在江苏连云港的记者杨圆圆,在《赶大集、龙王会……时隔两年依旧是熟悉的感觉》一文中专门写道"老家的春节集市比往年更加热闹了";回千岛湖过年的记者唐欣也感慨,在老家的旅游景点天屿景区,感受到了久违的"人气"(见图 4-7)。

各地过年,各有各的新鲜,各有各的特色。栏目推出后,很快收获超 10 万人次的总阅读量。

访典型、诉心愿,讲述"我的春节这样过"

新春佳节,有人回家团圆,也有人继续在异地他乡坚守。除夕至正月初六,萧山网微信公众号推出"我的春节这样过"系列报道,记者走访各个特殊岗位,从另一个视角,记录这座城市里与众不同的"春节故事"。

《三年未归,今年这个在萧山的姑娘打算回家团圆,却不敢提前告诉父母!》讲述的是机场女警柳佳的故事,作为杭州边检站执勤五队一员的她,正月初一、初二仍需坚守岗位,三年未归的她最想做的就是回家后骑个自行车把老家全部逛个遍,感受这几年家乡的变化。《日均步数一万五,在这儿当站长是什么体验?》解锁地铁 5 号线火车南站站的站长费凯的工作日常,今年是他在地铁火车南站站值守的第四个春节,岗位性质决定了他必须在别人回家团圆的那刻留下来站好岗,确保车站安全运营，守护他人的回家团圆路。

另有湘湖救援站的消防员、呼吸科的值班医生、北干环卫所的环卫女工……他们都选择了留在萧山过年。记者走近这些群体，通过扎实采访，用一篇篇情感细腻的人物特写，记录他们的忙碌与辛劳，倾听他们的牵挂与思念。

晒美食，品年味，展现"我的家乡好味道"

干菜扣肉、酱鸭、鱼干、蛋卷肉……这些萧山人年夜饭上的"必备菜"怎么做？春节期间，萧山日报视频号推出了一组透着"香味"的"家乡味道"系列短视频（见图4-8）。

记者前往乡间、走进后厨，拍摄一道道传统家乡美食的制作过程，推送《萧山年味大赏，你家舂年糕了吗？》《萧山人过年必备的硬菜！梅干菜扣肉好吃的秘方都在这了》《这道萧山人过年必吃的酱鸭，今年你吃了吗？》等短视频。从原料处理、腌制、晾晒、烹饪到摆盘上桌，整个过程都以特写的方式呈现在画面中，引人垂涎。这组"色香味"俱全的视频，收获了近2万人次的播放量。

图 4-8　短视频栏目《我的家乡好味道》

此外，韵味萧山App广场版块还开设了"过新年""欢乐春节游"互动话题，邀请网友与记者一起"新春走基层"，以图片或视频的形式，晒出祖国各地的年味和欢乐，在移动端欣赏祖国的大好河山，一来一往间，不仅增强了用户的黏性，也营造了过节的氛围。

多元化创新，借全国网络媒体萧山行讲好亚运故事

来陈华

　　40 余家全国主流媒体、网络媒体实地踏看，100 余家新闻网站同步直播，15 万观众线上聚焦……围绕杭州亚运，萧山网打了一场漂亮"宣传仗"。

　　2021 年 3 月 31 日，杭州第 19 届亚运会、第 4 届亚残运会 56 个竞赛场馆全面竣工并通过赛事功能综合验收。4 月 1 日，杭州市召开亚运誓师动员大会，吹响亚运筹办"决胜攻坚"的号角。

　　作为杭州亚运主阵地，萧山责任重大、使命光荣。为全面展现萧山亚运筹备成果，3 月 31 日—4 月 2 日，"亚运看萧山——2022 年度全国主流媒体、网络媒体萧山行"大型集中采访活动（简称"媒体行"）举行，活动由萧山区委宣传部主办，萧山区网络文化协会、萧山网承办，邀请新华社、经济日报等全国主流媒体，腾讯、新浪等全国网络媒体走进萧山，用文字、图片、短视频等方式生动展示了萧山亚运筹备成果和萧山的精彩蝶变，携手唱响这片热土上的亚运之变、之美、之智。

主流媒体全程参与　六大站点展现萧山成果

作为杭州亚运会场馆和配套建设的核心区、主阵地，萧山承担着"亚运三村四区块"以及杭州奥体中心体育场、游泳馆和综合训练馆，杭州棋院（智力大厦）棋类馆等 9 个场馆的新建、提升改造任务。随着场馆的先后竣工验收，其设计、设施设备等备受瞩目，萧山也成为媒体关注的焦点。

为全面展现亚运"萧"变化，萧山网提前"踩点"，走访全区后，最终遴选出亚运"三馆三村"、临浦体育馆、区应急管理局、萧山机场 T4 航站楼等 6 个点位，串起了一条特色线路。通过这条线路，记者团进行全方位的采访报道，集中宣传萧山跑出的亚运"加速度"、服务保障亚运的强劲势头。

在前期走访对接中，我们发现，"亚运三馆"相关报道已层出不穷。如何推陈出新，推出有新意、有亮点的报道成为关键。为此，萧山网带领采编团队深入"三馆三村"，挖掘特色亮点，特别聚焦场馆的绿色、节俭设计，以及"亚运三村"中的黑科技，向大家介绍不一样的"三馆三村"。

此外，为展现场馆的特色亮点，我们对接相关单位，特别选在柔术表演赛的同一天造访临浦体育馆，带领全体媒体记者和线上观众，近距离观看柔术表演。部分记者朋友还换上专业服饰，现场体验。记者和观众都直呼过瘾。

疫情的反复，不仅使出行受到影响，举办活动更是难上加难。"媒体行"聚集了超过 40 家媒体单位的记者，疫情防控压力大。为此，萧山网特别制定了疫情防控方案、组建了防控小组、准备了防疫物资，做好人员动态管控和活动场所消毒。另外，疫情还令不少省外媒体无法参与，针对此情况，萧山网将活动搬到线上，联动新闻网站同步直播，扩大活动影响力，向全国发出萧山声音。

线上线下同步呈现　全方位塑造"媒体行"品牌

"媒体行"是萧山网打造的独家品牌，已走过十三载，每一年都在原有的基础上，创新形式、丰富内容，重新出发。

"媒体行"大型集中采访活动，采用线上直播和线下采访相结合的形式，多视角、深层次、全方位地向世界宣传杭州亚运。线下，40家全国主流媒体、网络媒体记者实地踏访，挖掘萧山亮点；线上，深圳新闻网、青岛新闻网、武汉长江网等全国100余家主要城市的新闻网站同步直播，全力展现萧山魅力（见图4-9）。

此次的线上直播探营特别采用跟踪式直播，主播出镜，通过镜头跟随的方式，带领线上观众沉浸式体验探秘场馆的乐趣。在直播中，主播是导游，带着观众参观，也是"媒体行"参与者，跟着场馆工作人员进行实地体验，观看环境设置，了解设计理念。

除了现场直播，萧山网还通过萧山网微信号、萧山网网页专题、萧山网手机微专题和视频等方式，一一呈现丰富的采访内容，全方位宣传、塑造"媒体行"

图4-9　全国网络媒体萧山行

品牌。萧山日报全力支持，在报纸、韵味萧山 App 等多平台同步推送。其中萧山网网页端共收获 15 万人次观看量；视频号直播间累计观看人数达到 3.5 万，点赞量 3 万人次，创今年以来视频号直播新高，为亚运前期营造良好的宣传氛围。

多元化创新　讲好萧山"亚运故事"

"亚运之旅"告一段落，因亚运奏响的城市之变却不会停歇。如何借亚运契机，向世界讲好萧山故事，传播萧山声音，成为萧山主流媒体一大考题。为此，萧山网发挥新媒体优势，策划了一系列迎亚运报道。

2021 年初，萧山网推出"我的亚运年"系列，以人物报道、视频自述等多种形式展现萧山迎亚运的必胜决心；在亚运会倒计时 200 天之际，特别推出《跟着亚运游萧山》创意 H5，作品以带着市民群众游览萧山各个亚运场馆为设想，综合运用亚运吉祥物形象、亚运场馆图文介绍等内容，精心设计游览路线，广大网友可通过点击屏幕进行打卡，互动感十足，作品发布之后也收获了超 13 万人次的转发量；此外，萧山网还开展了"和外国友人一起探亚运场馆"直播活动，50 分钟时间里，主持人和外国友人"云"游亚运馆、特邀专家解读亚运备战情况，信息量满满，进一步激发了市民群众参与亚运、服务亚运、奉献亚运的热情。

随着亚运的临近，萧山网还将发挥主流媒体特性，紧抓时间节点，不断推出新媒体作品和特色报道，进一步综合媒体力量，为实现"办好一个会　提升一座城"的目标发挥好媒体作用。

让人人可公益成为现实

——"萧康爱心校服"公益项目探索"媒体＋互联网＋公益"模式

周　颖

2022 年 9 月 7 日是四川省甘孜藏族自治州康定市中小学开学的日子，康定市回民小学、东大街小学、西大街小学和实验小学等 4 所康定城区小学的孩子们领到了一份来自萧山的新学期"爱心大礼包"——定制的近 3000 套"萧康爱心校服"，以及萧山日报小记者团和永和志愿服务总队准备的 100 只爱心书包、口罩、免洗洗手液等防疫物资。

"萧康爱心校服"公益项目，是萧山日报近几年来在公益活动中的一次探索和尝试——从单纯的宣传者，转型成为活动的发起者、参与者。萧山日报希望通过"媒体＋互联网＋公益"的模式，更好地发挥主流媒体在公益活动中倡导、推广的作用，助推萧山日报多年公益品牌"萧暖暖"走得更远更好。

网上公开募集，让公益活动"被看见"

"萧康爱心校服"公益项目，缘起于萧山日报 4 月 22 日举办的"童心迎亚运·两地读经典"世界读书日系列活动。当天，萧山日报全媒体推出启动报道，面向两地青少年征集读书音频。

6月10日，萧山和康定两地的领导、嘉宾和学子相聚"云端"，开启一场特殊的读书会。继两地学子以书会友后，"爱益起"三大公益活动全面启动。其中包括"萧康爱心校服"项目，即为康定城区4所小学的近3000名孩子定制爱心校服，预计需要筹集超40万元的爱心款项。

活动启动之时已是6月，要在8月底9月初把爱心校服送到康定孩子们手中，时间紧、任务重。怎样才能筹集到这笔"巨额"爱心款，让康定的孩子们能在新学期如期穿上爱心校服？

萧山日报提前谋划，利用互联网，发起公开募集。在确定项目后，萧山日报第一时间找到萧山区慈善总会，总会会长和秘书长在听了"萧康爱心校服"的公益项目后，都认为活动很有意义，表示全力支持。在走完相关审批流程后，6月10日，"认领萧康爱心校服　让两地孩子'童'样精彩"公益募集活动正式上线，1元起捐，不设上限。

在前期预热阶段，萧山日报推出了走心且有点文艺的文案：130元，少喝4杯咖啡，就能认领一套爱心校服。同时，制作"情景剧"式的短视频，在萧山日报官微、视频号发布，在朋友圈形成刷屏式传播。萧山日报通过直播、互动、持续报道等，有计划、有节奏地展开多渠道多角度传播，不但让公益项目"被看见"，还大大提升了项目的传播力和影响力（见图4-10、图4-11）。

调动公益积极性，让公益行动"走得快"

让公益"看得见"，还要让公益"信得过"；让公益初心"到得了""帮得准"，方能调动公益参与者的积极性。

图 4-10　爱心校服相关报道（1）　　　　图 4-11　爱心校服相关报道（2）

在捐赠方式上，萧山日报推出了认捐"萧康爱心校服"的二维码，市民只要扫一扫二维码，就可以看到公益项目简介、参与捐赠者的姓名和金额、总的募集金额等。最重要的是，认捐爱心校服后，市民还可以下载由区慈善总会颁发的捐赠电子证书。

萧山日报通过"媒体＋互联网＋公益"一系列创新操作，充分调动了公众的积极性。公益组织、爱心企业、爱心人士，以及萧山区公安分局妇联、萧山区中医院妇联、萧山世纪实验小学，甚至萧山援康干部、报社的领导和同事们，都参与到了"萧康爱心校服"的公益项目中，默默地认捐爱心校服。

个人捐赠中，最令人感动的是三位亲自赶到报社捐赠的老人。最年长的是 91

岁的赵泛野,她刚从邵逸夫医院出院,一大早就坐着轮椅来到报社,认领了100套"爱心校服"。家住北干的顾立明拿出了半个月的退休金,认领20套校服。蜀山街道的缪雅凤拿出一个月农保金,认领15套校服。三位老人都非常真诚和低调,他们希望尽微薄之力,让康定的孩子们早一点穿上新校服。

很快,萧山区公安分局和萧山区中医院两家单位的妇联也发动捐赠,萧山区世纪实验小学全校发动,爱心企业杭州美联医学控股有限公司和红宝石家具博览城等"爱心大户"也积极加入……随着萧山日报的报道不断推出,公众的公益积极性被广泛调动起来。仅24天,萧山日报就筹集到44万余元爱心款项,除去爱心校服的制作、运输等费用,剩余款项也将用于康定的教育事业。

爱心款项到位后,康定市教体局及时敲定了校服的款式,萧山日报又邀请爱心志愿者把关爱心校服的制作相关细节。

从让公益"看得见""信得过",到让公益初心"到得了""帮得准",公益活动,重要的不仅是捐款,而是实打实的行动。萧山日报公益品牌"萧暖暖"正在通过一场场正能量满满的公益活动,展现主流媒体的责任与担当,进一步提升媒体的"传播力、公信力、影响力"。

八年八进从江，记者成了大山里的"荣誉村民"

范方斌

位于贵州省黔东南苗族侗族自治州的从江县，曾是萧山区对口帮扶的深度贫困县。2013 年，萧报记者第一次跟随公益组织来到从江，就与这里的一处小村寨秧里村"结"下了一份缘（见图 4-12）。

八年来，报社以"温暖从江行"活动为依托，持续关注秧里村的变化发展，并整合各方资源，开展系列帮扶活动，为该村送温暖、送医疗、送文化、送技术。

图 4-12　2013 年 12 月，"温暖从江行"小组给秧里村孩子送衣物

2020 年 11 月 23 日，贵州省宣布贵州最后 9 个贫困县正式退出贫困县序列，其中就包括从江县。

2020 年 8 月，在从江进行融媒体采访活动时，我和同事又去了一趟从江县往洞镇秧里村。这个侗族村寨处于高山之上，距从江县城有 40 多公里。车子沿着蜿蜒山路前行，窗外的山林、梯田不断闪过，夏天的阳光打在我脸上，却丝毫不觉炎热，反而产生一种别样的温存。

八年八进秧里，作为一名萧山日报摄影记者，我用相机记录这座小村寨，更有幸见证了脱贫路上的秧里之变。

当年穷村今非昔比

车子在盘山公路上开了一个半小时，直接驶到秧里村村中央——秧里萧山希望小学门口。记得 2013 年，作为萧山日报摄影记者，我因报道任务初次来秧里村时，从高速路下来后，村干部领着我步行了好几公里山路才进了村。听村民说，那时出远门，首先要步行至 10 多里外的则里村，然后再换乘公交，极为不方便。但 2017 年，公路修到了村子里，村民外出不必走山路，开车就能进秧里了。

"范老师，你们来啦，欢迎'回家看看'！"车门刚拉开，早在等候的秧里村党支部书记兰文礼迎了上来。我跟他已是多年朋友。其实，不少秧里村民都把我当作家人看待，叫得出我的名字，我也认识他们中的大部分人。

寒暄间，兰胜光匆匆赶来，握住我的手亲切招呼。50 多岁的兰胜光是秧里小学教师，在这里教了 34 年书，以前是这个小学唯一的全科老师。"要是没有你们的帮助，现在孩子们就没办法在村里上学。"每每我到秧里村，兰胜光都会提起这段往事，让我非常感动。

2013 年，20 多年的木结构校舍因年久失修成了危房，再不修缮，孩子们每天得走 10 多公里山路去上学。那是萧报第一次进村送冬衣，报道了该情况后，萧山企业家冯根法主动与我们对接，出资 30 万元，建了新校舍，这才留住了秧里的教学点，兰胜光也一直在这里教书（见图 4-13）。

看我跟兰胜光闲聊，一旁的村民打趣道："兰老师一家都要为秧里服务下去。"原来，去年新建的村医务室启用，兰胜光儿子兰明科成为村里唯一一名驻点村医。

在村干部带领下，我们来到了位于党群服务中心楼下的医务室，兰明科正在窗口给村民配药："以前，我们有小毛小病能熬则熬，实在不行只能花半天时间去县城医院，现在村里有了医务室，方便了不少。"

图 4-13　2014 年 8 月，秧里萧山希望小学落成

携手共赴致富路

一年不见，这里的变化真大啊！走在村道上，看着路两边的崭新房子，我不由感慨。

以前村民住的传统干栏式全木头房子，一楼关家畜家禽，二楼住人，全村除了几户人家有瓦片盖的，都是用杉树皮盖。现在造的新房都是改造过的干栏式砖木结构，人畜分离，一楼砖混，二楼木结构，有些条件好的人家还造起了钢筋水泥别墅式新房。

我这次就住在村民欧学岗家里，2014 年他家还是贫困户，2015 年两夫妻外出务工，2017 年就造起了两楼三底的宽敞的砖木房。

更大的变化，是村民增收的来源。沿着溪流走去，20 亩鱼腥草长势喜人。去年 12 月，我们带着萧山鱼腥草种植"好手"龙白凤来到秧里，在田地里，她把第一株鱼腥草种下了地，半年多时间，绿意铺满整块田地。我立马拨通龙大姐手机，第一时间把这个好消息告诉她，龙大姐透过手机把喜悦传了出来，众村民齐声道谢。

这声声感谢中，也蕴藏着村民对脱贫致富的向往。秧里村有 1000 余亩田地，以前，村民以种稻为主，2018 年引进了首个经济作物——朝天椒，400 余亩地里，火辣辣一片，但是同一块土地连续种会有病虫害，来年种什么才好？彼时，我正巧在村里，立马一拍脑袋说："何不种鱼腥草？贵州人爱吃这个，销量肯定好。"

把想法跟村支书一说，他连连点头，于是我想起萧山的种植大户，马上通过萧山日报信息网络，找到了龙大姐，促成了这场"跨省联谊"。

思路一变天地宽。现在，村子里的经济作物有鱼腥草、姜黄、油茶等等。兰书记说，目前，鱼腥草市场收购价约为每亩 3000 元，预计今年产值可达 6 万余元，这几年村民收入越来越高。说到高兴处，他又拿出一个记账本给我看：全村 174 户 855 人，人均收入从 2013 年的 4790 元上升至 2019 年的 9135 元，基本都已脱贫，仅 7 户 8 人尚在贫困线以下，贫困率仅为 0.94%。看着这些喜人的数字，以及村民越来越幸福的生活，我的心里也美滋滋的。

我成了"荣誉村民"

这次来秧里，村里还准备了一份特别礼物——聘请我做秧里的"荣誉村民"。意料之外，高兴之余，我更是感到责任重大。

临走前，几位村干部说找我商量一件事。原来，村里有一间老屋，现在已有上百年历史，但是破旧不堪，大家在"拆"与"修"上没有统一意见，所以他们带我参观了老屋，想听听我的看法。我把萧山近几年发展美丽乡村的情况介绍了一下，提到了河上镇凤凰坞村建抗战纪念馆和戴村镇沈村建村史馆的事。村干部们听了以后，觉得百年老屋还是要留下来，可以用来建设村史馆和脱贫攻坚陈列馆，让后人记住历史。

望着操场上孩子们嬉戏的身影，我不由感慨，八年时间，秧里村千变万化，再也不是最初那个破破烂烂的村子了，如今铺上了柏油马路，建起了崭新楼房，村民的吃穿住行也发生了大变化……那一张张幸福笑脸，正是这个时代最好的表情。

几年来我们在扶贫结对和采访报道上开展了不少的工作，还产生了以下一些思考。

帮扶方面，授人以鱼不如授人以渔，送物件、送义诊是相对容易的，但是帮助村民真正脱贫致富走上小康，建设美丽乡村却是很困难的，产业扶贫也不是媒体最擅长的，还是要与农业、工业和商旅企业合作，以它们为主，才能有成果。

报道方面，虽然我们进行了八年连续脱贫报道，但是缺少一个相对固定的个人或家庭作为脱贫采访对象，比较难以进行纵向直观对比，缺少让读者有深刻记忆和感动的细节。

第五篇

产商运营突围

媒体融合视域下区域党媒构建基层"智媒＋经营"新实践

王丽芳　　曲行森

进入全媒体时代，信息传播方式正在发生重大变化，移动端已成为人民群众获取信息的主要渠道。新媒体深刻影响人们的日常生活，"终端随人走、信息围人转"成为信息传播新态势。面对新形势，传统报业产业经营如何与时俱进，再创辉煌？近年来，萧山日报加快打造新型主流媒体，改进新闻信息的供给和服务，满足受众日趋多样化的新闻信息需求。作为区域党报，萧山日报着力探索传媒产业发展新路径，立足自身媒体资源、传播平台优势，以政府需求为导向，探索构建"智媒赋能、一体融合、下沉服务、迭代升级"的政务"智媒＋"融合发展新生态，加快建设一批形态多样、技术先进，传播力、引导力、影响力和公信力俱强的政务媒体平台，成功实现社会效益与经营业绩双丰收。

服务镇街一线，增强平台影响力

近年来，萧山日报以政府部门需求为导向，充分发挥媒体专业优势，建设"外派驻站＋宣传报道＋新媒运营＋智库服务＋订制服务"一体融合的政务"智媒＋"

服务体系，深度参与地方党委、政府宣传工作。截至 2022 年底，萧山日报政务智媒服务中心外派驻站合作覆盖了当地 14 家区级平台、镇街，派驻人员主要从事视频创作、文字综合、新媒运营等工作，兼顾专版特刊、线上平台运营等内容。

　　"智媒 +" 服务体系的创建，满足了区级平台、镇街部门多方面的需求。依据实际，萧山日报下沉式的"智媒 +"服务，实现了媒体与政府的一体融合，取得了"1+1>2"的共享、共融、共赢、共兴的成效。此外，萧山日报的政务智媒服务，进一步强化了为镇街提供的分众办报宣传。目前，由萧山日报提供的分众报有《钱江世纪城》《今日瓜沥》《临浦月刊》（见图 5-1）、《渔浦义桥》《宁围月刊》等，为各镇街、平台提供了个性化宣传服务。

图 5-1　《临浦月刊》

以"智媒+"服务体系为基础，以政府部门文宣需求为导向，萧山日报政务智媒服务中心发挥媒体专业优势，为镇街、平台提供个性化舆论宣传、智媒服务，陆续策划推出了书记访谈、镇长访谈、外宣产品、摄影比赛、抗疫视频等一系列优质主题宣传内容，精准发力，获得了读者广泛认可，也实现了经营指标的持续增收。

打造全媒矩阵，传播方式再升级

近年来，随着时代进步，区域内各镇街宣传需求逐渐转变，从单一途径转向寻求建立多平台融媒体宣传，信息时效性更强，更注重微信公众号、视频平台等新媒体运营，重视办公文秘、舆情收集分析等任务。面对新期望、新需求，主流媒体应当顺应潮流、争创一流，开拓新型新闻传播渠道，优化全媒体矩阵布局。

萧山日报智媒服务顺应新兴媒体发展趋势，拓展了微信图文、直播、视频、短视频等多种传播方式，搭建起全媒体融合宣传平台，并依托人民日报客户端等央媒平台，开设"萧山News"媒体号，让政务声音更响亮，让优质的政务新闻内容传播得更好、更快、更远。近三年来，我们还把重点放在拓展微信运营业务上。目前，萧山日报运营12家政务微信号，并创作出了一批可读性、可观性较强的官微作品。2021年7月，新塘、宁围、盈丰等14个镇街抗击台风"烟花"来袭，萧山日报派驻人员深入一线，拍摄了大量视频短片进行推送，形成了融媒体宣传矩阵，深受群众欢迎，关注量和转发量剧增。全省深化"千万工程"建设现场会筹办期间，萧山日报还以"微直播"形式，聚焦作为会议考察点之一的横一村蝶变历程，通过"文字+图片+短视频"的方式，在微信公众号、视频号、抖音等平台推送，每期短视频邀请不同主播出镜，形成全方位、立体化的融媒体整合报道。在所前、临浦等镇街的亚运兴城、杨梅节、茶艺节等活动中，萧山日报智媒服务直播亮相，在萧山发布App、萧山日报视频号等端口开启专题直播，吸引了大量人气、人流。

做好主题宣传，新闻产品个性化

围绕中心工作，做好宣传报道，是党委、政府营造氛围、凝聚合力、助推发展的有力手段和现实需求。对重大主题的策划宣传报道，一直是萧山日报智媒服务满足政务需求的媒体优势，它能更好地发挥新闻舆论工作的主阵地、主渠道、主力军作用。为适应读者群体年轻化趋向，报社政务中心策划推出"国潮"专题新媒体海报，让"国潮"赋能政务宣传。不久前，筛选临浦的7个"地标＋名人"IP，作为春节假期的海报主要元素，并配上对联，这组海报推出后迅速"出圈"，得到当地镇村干部和城乡群众的喜爱。

点赞转发过百、评论上千、阅读量破万……2022年5月，萧山日报政务智媒服务中心推出了"一线直击"视频创新报道，直击现场新闻，推出一线访谈。萧山日报"直击一线　镇长（主任）访谈"的18个视频一经发布，便成为当日刷屏级"爆款"产品，引发萧山当地各界人士好评和热议。直观的视频画面、可亲可感的话语体系、群众喜闻乐见的采访内容，是新时代区域党媒不断创新形式，着力提升内容生产力、产品影响力的重要展现。2022年萧山两会期间，报社政务中心镇街、平台推出18个镇街共24个版面、23家部门25个版面的报道；报社官微推送镇街对话"一把手"现场短视频17个；对镇街、平台版面和对话内容，制作了H5等形式多载体推送，并通过人民日报客户端、新华网客户端对外推送，开启了让外界更好了解迎亚运、促共富主题下萧山镇街怎么干的"窗口"。政务中心精心策划，及时行动，采编人员深入区级平台、镇街，开拓视频业务板块，并以此为契机在当地树立了精视频拍摄制作的样板。一系列重磅主题宣传内容的推出，体现了萧山日报"紧密合作、服务下沉、外派驻点、一体融合"的"新闻＋政务服务"媒体运营生态的成功构建，品牌效应逐渐扩大，充分展现出智媒服务创新派驻镇街和部门的工作成效。

（本文发表于《传媒评论》2023年第4期）

一线直击下沉开拓，区域党媒走出智媒服务基层新路

王丽芳　　曲行森

2022 年 5 月 24 日，萧山日报"直击一线　镇长（主任）访谈"的 18 个视频一经集中发布，便成为当日刷屏级"爆款"产品，引起萧山各界好评和热议。这是萧山日报以政府部门需求为导向，充分发挥媒体优势、提供个性化舆论宣传服务，精准发力的一个缩影。

聚焦区第十六次党代会提出的"推进'产城人文'深度融合、高水平建设'亚运国际城·数智新萧山'"战略部署，萧山日报贯彻落实集团年度工作部署会议精神，围绕"六新六工程"重点项目要求，策划并推出"直击一线　镇长（主任）访谈"主题宣传活动。

访谈采取"直击现场　一线访谈"新形式，"视频＋图文"访谈报道内容覆盖萧山区 26 个区级平台、镇街，邀请各平台、镇街的镇长（主任）在重大项目、重要工程现场接受采访，围绕平台、镇街经济社会发展目标、推进"产城人文"深度融合和高质量发展畅所欲言。

直观的视频画面、可亲可感的话语体系、群众喜闻乐见的采访内容，是新媒体时代区域党媒不断创新形式，着力提升内容生产力、产品影响力的重要展现。

系统谋篇，贴近基层

在政务工作的新背景下，区域党媒如何更好地深度参与地方党委、政府的中心工作？系统谋划、下沉服务是关键。

萧山日报历来注重对基层镇街工作的系统性宣传，每年均会策划推出相关重大主题专栏报道。如 2021 年 10 月，聚焦共富主题，推出《千万工程·诗画田园》专栏，宣传报道从"小康示范"到"未来乡村"的萧山故事；2022 年两会期间，推出《平台镇街一把手访谈》专栏，详细介绍各平台、镇街高质量发展的新思路、新做法。

此次"直击一线　镇长（主任）访谈"，亦是如此。访谈视频于 5 月 24 日在韵味萧山 App 推出首期，陆续发布 20 余期。图文和视频报道相结合的模式，令报道更加生动形象、直观精准；镇长（主任）的出镜，则使得报道在保有传统政务报道严谨性、权威性的同时，将政府工作"零距离、全方位、多角度"地展现给了群众，进一步贴近基层，扩大了报道的传播效果。

主题引领，亮点突出

对重大主题的策划宣传报道，是萧山日报满足政务需求的媒体优势，更好地发挥新闻舆论工作主阵地、主渠道、主力军作用的重要内容。

本次访谈主题鲜明、亮点突出。围绕打造新时代共同富裕新标杆、深化社会治理共享美好生活等主题，聚焦各平台、镇街如何贯彻落实区委、区政府决策部署，对标蓝图、担当实干。

例如，钱江世纪城的访谈重点聚焦国博中心、亚运三馆、杭州世纪中心等具备高辨识度的地标建筑群建设，探讨如何力求打造全球总部创新地和湾区活力未来城，进一步加快城市现代化国际化；进化镇的访谈围绕建设全域共同富裕基本单元省级样板，以欢潭村、大汤坞新村为重点，率先打造引领型未来社区和未来乡村；等等。

6月23日，26个平台、镇街镇长（主任）的访谈内容同时于《萧山日报》专栏上刊登，集中展示了各平台、镇街的中心工作，体现了基层政府工作的深度、广度和温度。

一线访谈，深入现场

创新内容形式、全面一体推进媒体深度融合，是真抓实干、激发全员创造力的责任要求，是为基层平台、镇街提供个性化舆论宣传服务的一大路径，更是打造城市党媒核心竞争力的应有之义。

本次访谈深入平台、镇街重大项目、重要工程现场，重点突出了"镇长在一线，镇长怎么干"，充分体现了各平台、镇街中心工作的最新成果以及镇长（主任）们躬行践履的工作精神和为民服务的工作情怀。

这一现场访谈形式，对萧山日报采访团队而言也是一个不小的挑战。萧山日报精心挑选骨干队伍，组建拍摄、剪辑团队。白天，他们深入探访各个平台、镇街的项目现场，奔走在一线，争分夺秒采编拍摄；深夜，他们挑灯夜战、赶稿剪片。为了获取更为全面的素材，团队经常要一天内往返于多个平台镇街进行多点拍摄，再利用休息时间进行视频的剪辑、送审……最终，团队仅用一周时间便高质量完成20个平台、镇街的拍摄剪辑任务，体现了萧报团队吃苦耐劳、恪尽职守的工作品质（见图5-2）。

图 5-2　一线访谈报道版面

全域覆盖，全网传播

一直以来，对标"着力打造一批形态多样、手段先进、具有竞争力的新型主流媒体"这一新期望、新要求，萧山日报顺应潮流，不断创新传播载体，优化全媒体矩阵布局，构建全媒体传播体系。

此次"直击一线　镇长（主任）访谈"一方面结合地方特色，对萧山四大片区的 26 个区级平台、镇街分别进行宣传报道，做到了全域覆盖；另一方面则利用全媒体矩阵，采取全方位、多层次、广覆盖的宣传方式，实现了全网传播。

报社还充分发挥视频号利于传播的特点，结合不同的受众需求，以"视频 + 图文"的形式在萧山日报视频号、韵味萧山 App、人民日报客户端等全媒体矩阵端口推送。其中，18 个访谈视频发布当天就刷屏萧山"朋友圈"，实现阅读量破万、转发和点赞破百，最高单期阅读量达到了 2.2 万人次。

萧山日报积极拓宽宣传渠道，在人民日报客户端、新华网客户端等中央、省、市媒体上持续更新"直击一线　镇长（主任）访谈"内容，向广大受众展示萧山各平台、镇街工作的新成果，进一步提升了宣传效果。

"直击一线　镇长（主任）访谈"，是萧山日报构建区域党报服务基层"智媒 +"新生态的一个缩影，是不断深化媒体与政务共享共融共赢共兴的创新实践。全媒体时代，要让优质的政务主题宣传内容传播得更好、更快、更远，萧山日报积极探索构建"智媒赋能、一体融合、下沉服务、迭代升级"的政务"智媒 +"融合发展新生态，最终取得了"1+1>2"的成效。

突破机制、重建用户连接，
报业经营如何在逆境中成功"卡位"

李慧强

　　服务用户是经营的要义，也是报业经营"变现"能力的体现。长期以来，媒体传统的经营服务有两个突出特点：一是线下服务多，二是传统商业客户多。然而，当互联网开始重构传媒生态，疫情冲击叠加经济增长压力，原来的经营模式逐步失灵、失效、失血，行业经营荆棘丛生。

　　突破机制、运营社群、创新项目……萧山日报行业经营团队不断寻找思路，转换场景，提升用户连接能力，在逆境中保持"卡位"。

突破机制　合力做大"拼盘"

　　2022年7月1日至3日，由萧山区商务局、萧山日报社主办的第三届"@萧山·原味生活节"在萧山万象汇举行（见图5-3）。本届活动创下了两个第一：一是它是万象汇进入萧山以来由第三方举办的首场大型室外商业活动，二是它是萧山日报举办的占地面积最大的多行业商业会展，布展面积约3500平方米。活动期间，汽车、

图 5-3 "@萧山·原味生活节"现场

婚庆、餐饮、健康等行业门类集结，业务成交金额可观。"@萧山·原味生活节"这一由萧报经营中心打造的"一站式"生活节，三年来已经成为推动萧山城市新消费的品牌活动，并连续两年作为系列活动，列入由区政府主办的萧山区购物节。

一支 20 人的团队，何以有底气承办多行业的商业会展？多年的行业经营积累是一方面，更关键的是融合作战的工作机制。2019 年，萧报经营中心打破了维持 14 年的行业细分、单兵作战的经营模式。房产、生活、汽车等平台不再各自为政，而是资源共享、抱团取暖、合力攻坚。具体做法是：强化中心的作用，整体统筹、指导、把控、监督，聚合优势资源，策划全行业项目，在增量和"1+1>2"上做文章。中心新设市场拓展部、内容活动部两个事业部，人员不再框定于某一行业内，而是灵活组合为内容、新媒、活动、保障四个工作组，合中有分、分中有合，率先尝试"阿米巴"式的工作机制。当年，萧报经营中心组织商业活动数十场，如首届萧山花木艺术节、爸妈达人秀、萧山老博会、萧山国际车展等，并组织近百场社区巡展，大部分活动都是多行业"拼盘"执行，互导流量，共降成本，提升热度。这样的尝试，也为之后应对疫情冲击积累了经验。当行业经营进入"空档期"，这支团队依然可以灵活转型，在其他项目中发力，顺利完成活动策划、项目执行、融媒报道等全案服务。

社群运营　转换营销场景

2020年以前，萧报行业经营相当一部分营收来自各类线下活动，其中以汽车展、房交会、家装展、婚博会最具代表性。但实施常态化疫情防控后，活动审批困难，当时业界的普遍做法是转战线上。但线下客户会有多少转化为线上流量，线上流量又有多少可以变现？大家心里都没底。萧山日报经营团队的思路是强化社群，将"客户价值"与自身绑定。我们在原有社群的基础上，以品牌和活动为平台，扩建、组建不同类别的社群。先后扩建萧报理财俱乐部、钱塘会看房团、钱塘汽车会等社群；通过联合会杯少儿平衡车大赛、小厨神大赛组建少儿兴趣社群；通过"@萧山·原味生活节"、职业培训组建生活美学社群；通过第七届中国杭州大学生创业大赛组建创业社群；通过相亲派对组建婚恋社群；通过线上商城组建"羊毛党"社群……

以汽车行业为例，疫情初期，各大汽车经销商用线上智能展厅、VR全景看车等手段吸引消费者，不过，这种"自救"模式的效果并不如意。为搭建消费者和经销商之间的购车快线，萧报率先打造"2020萧山春季线上团车节"，通过媒体为车友争取专属优惠，刺激汽车销量，本土购车团的雏形逐渐成形。2021年2月，萧山特惠购车优惠团正式问世。

为了解决线上通道易故障、信息散、积累难、针对弱等问题，萧报经营中心与技术中心联手，于2022年3月完成了"萧山购车团"小程序的开发。小程序一经推出就受到了职能部门、行业协会、经销商、消费者的好评，开通4个月，有效意向客户已经突破 500 组，为行业线上经营提供了新平台、新手段、新推力。7 月，由"萧山购车团"孕育的首届萧山云上购车节成功落地，为打造本土有影响力的线上购车平台迈出了坚实一步。

"萧山装修惠"小程序也是从组建"萧山家居装修讨论群"起步，从分享装修故事、发布装修美图、发起话题讨论，到创建"家装塘主"一对一咨询服务，再到 5 月，一站式装修平台"萧山装修惠"小程序上线，针对线上客户的需求和类别，在 4 个月时间里，已经组织了 5 场线下一对一咨询会。技术赋能之下，营销场景实现了新的转换，传统的经营模式正在不断拓新。

关注生活　与城市共成长

做经营需要有敏锐的市场嗅觉，更要与城市共成长。这两年，萧山日报危中寻机，在关注新政策、新生活、新需求上也做了不少探索与突破。2020 年，萧报经营中心试水生活美学直播，没承想点茶、插花、古琴这样的小众生活类直播，也能培育出一批粉丝。尽管直播只有 3 场，由此带来的启发却不少。随着国家对职业技术人才的日益重视，以及越来越多人热衷传统文化的趋势，试水"花艺师培训"的想法顺势而生。2021 年 3 月，萧报首期花艺师培训启动微信报名，插花爱好者通过圈子分享，萧山日报作为主办方建立学员群，并邀请国家级插花老师授课、交流。当年就成功举办 5 期花艺师培训课，帮助 100 多人取得花艺师证，随后又推出了茶艺师培训课，也受到用户欢迎。

2020 年萧山金秋健康家装直播节让萧报经营中心首次尝到直播变现的甜头。前期，在线上发放"电子消费券"，并联合家居市场商户共同发力，打响第一波活动宣传推广。直播期间，用多种有趣的直播玩法与网友互动、展示商品。引入"助力榜"，鼓励用户邀请亲朋好友观看直播打榜。此外，通过"微店 + 直播"的方式，让网友一边看直播，一边下单"早鸟券"，提前锁定爆款。意向客户明显增加，促成万元以上订单40多笔，将流量转化成了销量。

少儿平衡车大赛也是"无中生有"进而形成品牌的项目。从杭州亚运会、全民健身的背景中，萧报经营团队发现了少儿对平衡车项目的热爱，以及家长对培养孩子拼搏精神的重视。2019年，萧报联合江苏卫视、上海培训企业，打造了亚

图5-4　历届少儿平衡车大赛现场

洲联合会杯少儿平衡车大赛。当年成功在三地举办分站赛，并在杭州举办总决赛。从2020年开始，为应对疫情、控制风险、降低成本，逐渐转做品牌输出，除了杭州大本营外，在上海、南京、大连等地也举行过少儿平衡车大赛（见图5-4）。

蓝海一直都在，关键是有没有被人发现。2022年初，萧报决定在经营中心推行准公司化管理，更注重实效，更强调创新，更重视利润贡献。萧报经营中心按照业务实际和市场需求，分别组建创意（视频）、商业拓展、行业会展、优势行业等工作组，面向全行业、全领域寻找新蓝海、新项目。

关注生活，感知城市，也是探寻蓝海的方式。2022年夏天，经营中心策划组织的"下楼逛逛"社区微夜市系列活动，成为社区居民家门口的"限定款"社区文化节。露天电影、非遗手工、循环商店、幸福情报站、韵味萧山等摊位一字排开，与当下热门的夜经济相结合，小小的集市既能推广品牌、连接用户，又能在与居民的互动中发现新需求，打开新视野。在探索传统报业商业经营新模式的道路上，我们仍将迎风驭雪，破冰前行。

孵化新项目，传统媒体寻求产业突围的 N 种可能

孙建森　钱　嫣

未来学家阿尔文·托夫勒说："今天比以往任何时候都更需要幻想、梦想和预言。"尤其在经历过 2020 年的波诡云谲后，站在"十四五"新起点上的传媒业再也不敢摸着石头过河。得益于杭报集团"三年六行动"的有力部署，2021 年以来，萧报传媒重新审视自我，主动面向未来，探寻优质赛道，让"重新梳理产业板块、重构培育商业模式、重塑优化运营机制"成为全员创业发展大讨论的共同课题。

为探索"媒体 +""+ 媒体"的 N 种可能，萧报传媒以产业项目大评选为主抓手，在公司上下掀起了一场创业创新的"头脑风暴"，目标是要为未来 5—10 年孕育、储备一批报业主业之外的优质项目，找到一条推动产业迭代升级的新路径。及时研判行业发展趋势，对看不到发展潜力、风险较大或亏损额较大的传统业务坚决关停并转，及时止损。同时，把握亚运会这一重大历史机遇，整合政府资源和社会资源，加强文创教育会展等活动策划，力争培育 1—2 个有影响力的品牌项目。

一次创业发展大讨论
征集高成长潜力项目

传统媒体的经营方式早已发生生态性变化，处在剧烈转型期的报业传媒公司，唯有自强不息、自我造血，才能确保在市场的威压之下倒逼出持续发展的动能。

2021 年 4 月起，萧报传媒按照集团"六个一"行动部署，自上而下开展创业发展大讨论，通过解放思想、正视差距、解决问题，凝聚起创业发展的思想共识与工作合力。与此同时，面向全员发出产业项目"征集令"，全面征集具有创新性和高成长潜力的优质项目。5 月 10 日，以"拥抱数智时代，你我共创未来"为主题的萧报产业创新大评选活动正式启动。此次项目征集，旨在甄选符合杭报集团、华媒控股战略方向，符合萧山日报基因、有操作性和市场前景的商业模式。

经过半个月的组织发动、联队商讨、递交报名表，10 支队伍共上报创新项目 17 个，包括媒体数智融合、文创教育产业拓展、政商综合服务、特色会展活动等多种类型，浓缩着大讨论的思想结晶。更令人期待的是，有的项目已完成可行性调研，有的项目则是对原有产业的迭代升级，落地见效只差"临门一脚"。

两场创新项目路演赛
好中选优　优中选强

6 月 15 日、6 月 25 日，萧报传媒先后组织两场项目路演大赛，从 17 个项目中好中选优、优中选强。项目主创人员精心准备 PPT、音视频演示，自信满满地陈述各自的项目背景、盈利模式、实施步骤。

内部初赛阶段，班子成员担任评委，12 个项目脱颖而出晋级决赛（见图 5-5）。总决赛上，评委根据项目的创新价值、成长空间、商业模式、抗风险能力、现场

图 5-5　2021 年 6 月 25 日，萧山日报产业创新大评选（决赛）在湘湖驿举行

路演风采等标准进行现场打分，并互动点评。

探索文旅融合的"非遗特色剧本杀"项目，运用数智思维和手段，将萧山非遗文化与剧本杀有机融合，创新打造宣传推广萧山传统文化载体。在剧本杀的实景体验过程中，有效嫁接扫码找线索、网络求助等互联网技术。同时，该项目还利用萧山网平台优势，形成"线下体验＋线上互动"的新社交模式，让更多的年轻人参与进来。

切口小、想法"in"的"镇街创意视频策划制作"项目，由萧报专业视频团队"24真视频工作室"策划，该项目通过帮助各街道策划不同系列的视频，打造街道自有特色，提升街道的知名度，增强居民对街道的黏性。如打造街道自有 IP，科普农业、工业、服务业等领域的专业小知识；深挖街道教育资源，探访中小学校特色教育、名师课程等。"24真视频工作室"还建立起了多个传播平台，形成视频的策划、制作、分发闭环，为商业视频拓展构建了基础。

产业创新大评选得到了集团领导"有基础有行动，有创新有提升，有学习有思考"的高度肯定。

N 条项目孵化行动线
创业创新自我超越

评选只是过程，推动项目孵化落地才是最终目的。近两个月来，萧报传媒对产业创新大评选中涌现出的优质项目进一步深化研究、评估论证，对切实可行且具备高成长潜力的项目，积极促成落地。经社委会、董事会研究立项的项目，都指派明确的项目牵头人，并由牵头人组建"阿米巴"团队具体执行，萧报传媒制定专门政策，给予项目团队在人力、资金、资源等各方面的大力扶持。推出"主播计划"，将视频产业明确为融合转型"一号工程"，孵化打造"几维"视频品牌。制订《萧山日报政务外派驻站团队考评办法》，充分发挥区域党媒权威优势，整合政务资源，深化"报纸宣传＋月刊专版＋新媒体官微客户端＋直播"的产品融合，打造萧山区第一政务服务供应商。

眼下，多个创新项目已经迈出坚实的行动步伐。如由萧山网创新探索的"智联村社"应用服务项目，紧扣数字化改革思路，通过大数据、云计算等智能化手段，将村社的基础信息资料数字化、可视化、移动化，为推进基层治理现代化提供基础支撑作用。项目基于微信公众号（服务号）开发，与目前村社工作宣传的主阵地微信公众号互通。基础功能对村社免费开放，定制化模块则作为收费业务模块。项目推广达到一定覆盖面后，可针对性地进行广告植入和业务推广。

由政务中心牵头打造的紧密型、外派型"新闻＋政务服务"合作项目，则是通过培育、输送资深记者到镇街、平台驻站，使萧山日报融媒服务的触角不断向基层延伸。以萧报智媒服务临浦分中心成立为起点，萧报传媒正逐渐构建起"新闻＋政务服务"媒体运营新生态。政务中心已成为萧山日报传媒向政府单位和部门开启的一扇"窗口"，为拓宽政务服务奠定了基础，打响了"萧报政务"的品牌知名度和美誉度。

开拓政务商务，区域新闻网站如何自我突破

吴新红

互联网发展日新月异，媒体传播进入新时代。萧山网是萧山新闻门户，是萧山网络宣传主力军。2021 年 1 月 18 日，萧山网迎来办网 16 周年，1 月 19 日搬迁至萧山科创中心办公，开启新一轮发展（见图 5-6）。按照杭报集团开展的"三个年"专项实践活动的部署，萧山网积极应对"数智"时代媒体挑战，坚持导向为魂、移动为先、内容为王、创新为要，服务于萧山区委、区政府中心工作，为萧山高质量发展营造良好网络氛围。同时，融入萧山发展，积极参与社会治理，创新技术产品，赋能数智新萧山建设。

图 5-6　2021 年 1 月，萧山网搬入萧山科创中心

不变的初心
做好内容，唱响重大主题报道主旋律

"权威报道、新闻现场"是萧山网不变的"初心"。尤其是在重大主题报道中，讲策划，讲创新，突出宣传效果。萧山网系列重大主题报道受到广大网友的赞誉，得到了萧山区委主要领导的肯定。

每年萧山两会，萧山网都推出特别策划。2021年推出的《我们用数字说话》，以别开生面的镜头推进形式进入专题，并大量运用动画形式呈现内容，得到了相关政府部门的肯定。在杭州南站开通的宣传中，策划推出的原创H5作品《"你好，杭州南！"》和《杭州南站详尽攻略来袭》，不仅得到南站管委会的高度肯定，也受到广大网友的赞誉，朋友圈点赞达"20万+"人次。原创电子书作品《向美而行，遇见美丽新萧山》，形式新颖、内容丰富，受到一致好评。连续13年举办全国网络媒体萧山行大型集中采访活动，每年都在报道形式上有不同程度的创新，为传播萧山起到突出效果。

根据区委、区政府中心工作，萧山网利用品牌栏目——网络访谈，策划推出融媒体访谈。从5月7日起，2021年大型融媒体系列访谈启动，30余位部门、镇街、平台主要负责人先后走进萧山网直播间，围绕"'亚运兴城'攻坚年行动"主题，与广大网友畅谈萧山的亚运之路。此系列网络访谈搭建起政府与群众共话"亚运"的平台。各部门、镇街、平台主要负责人通过萧山网直播间，围绕六大攻坚战，与广大网友直接对话，畅谈城市建设，细数亚运红利。

萧山网近4年连续举办2018年"勇当排头兵，萧山怎样干"融媒体访谈、2019年"创新强区，萧山在行动"融媒体访谈、2020年"三个年"镇街一把手网络访谈和2021年的"亚运兴城"攻坚年网络访谈（见图5-7），已成为区委、区政府和各级政府部门上情下达、下情上传的重要渠道。每期网络访谈的在线观看数在10万人次以上；互动平台中，每期网友提问和留言都有300条以上，最多的一期访谈有1000多条留言。

图 5-7 "亚运兴城"攻坚年行动系列访谈

发展的基因
不断创新，赋能数智新萧山建设

自 2005 年网站上线以来，萧山网一直强调创新，创新成了萧山网发展的基因。除新闻产品创新外，也不断追求技术创新，开发有市场的实用的网络平台和技术产品，促进萧山网从新闻网站向应用型网站转型，赋能数智新萧山建设。

2020 年 12 月 2 日 13 点 21 分，网友"sandra"在萧山网络问政发帖求助，称其父亲在市心北路摔倒致锁骨骨折，当时没报警，由于是老家的医保，需要开具无第三方责任证明才能报销医疗费用。打市北交警执勤中队电话询问情况，被告知要去派出所开证明，但不知道该去哪个派出所办理。当天 18 点 28 分，市公安局萧山区分局受理。12 月 21 日，网友"sandra"回复说："能给十分好评吗？五分都不够，交警叔叔超级有耐心，陪我看监控，后来开出了证明……"这是萧山网通过技术创新，帮助百姓搭建"百姓事，网上办"的萧山网络问政平台，平台自 2012 年 8 月 15 日上线来，共受理网友案件 58600 余件。2020 年全年受理各类咨询、投诉、举报 7000 件，办复 6900 件，办复率达 98%，网友满意率达 88%。

萧山网络问政平台成为政情民意的有效直通车，促进了萧山社会治理水平的提升。通过技术创新，该平台也为政府搭建智能管理的平台。北干楼宇经济网就是为北干街道量身开发的网站智能管理平台。北干街道是萧山政治、文化、金融、商贸中心和城市化建设的主战场，楼宇经济是北干经济的主力军和金名片。早在 2014 年，萧山网通过技术研发推出北干楼宇经济网，开启楼宇政务服务。2020 年再次对北干楼宇经济网进行升级，增强服务性和应用性，为北干街道发展楼宇经济、培育楼宇文化、提升楼宇品位贡献力量。接下来，还将把北干楼宇经济网与"亲清在线"等平台联通，实现企业诉求在线直达、政策在线兑付、招商信息实时更新、商圈热点实时回应、办公物业实时对接。

党建的加持
推动共建，加强党建引领作用

萧山网以党支部为主体，强调党员示范，开展党建共建等，进一步提升员工特别是党员的创新力、凝聚力、战斗力，不断加强萧山网作为主流媒体的传播力和影响力。

在日常工作中，不断强调党员示范作用。如 2020 年 2 月，在疫情尚处一级防控期间，萧山网接到要立即启动有关复工政策的访谈任务，萧山网成立以党员为骨干的执行团队，用不到两天的时间，完成了 7 个专题、6 个直播页面、6 个 LED 背景、16 张海报、12 位局长照片拍摄等所有筹备工作，确保"复工政策我来答"融媒体系列访谈如期进行。同时在执行中强调创新，此系列融媒体访谈中，萧山网首次对访谈嘉宾采用海报宣传形式，极大提升了传播效果。

2021 年，萧山网党支部开展了系列党建共建活动。联合"湘湖驿"党群服务驿站，利用湘湖驿场地资源，策划组织系列党建活动、公益性活动。联合萧山区区域经济促进会党支部，整合利用促进会 200 多家企业资源，开展党建共建活动，提升各自党组织建设水平。同时，学习借鉴相关企业的优秀管理经验。联合天悦社区党支部结合天悦社区的新特点，开展有针对性的为民办实事活动。系列党建共建活动的开展，进一步增强党支部的党建引领作用，同时，通过整合利用资源，有效开展各项工作，提升萧山网影响力。

强劲的保障
优化管理，制度创新促发展

各项工作创新开展，离不开强劲的保障。在市场化运作中，一是不断强调学习，二是不断根据发展需要，优化管理，提升员工积极性、创新力和执行力。

为有效促进员工学习，提升员工综合能力，2021 年开始，萧山网开展"三点交流吧"活动，这是一个内部培训学习的平台。每周五下午 3 点，以中层、上一年度优秀员工为主体进行内部业务交流。交流内容包括内容策划、新闻写作、视频制作、美编设计等。以党支部、党员为主体，认真开展党史学习教育，强化党员领导干部带头弘扬公道正派、实事求是、清正廉洁的价值观，强调党员讲奉献、讲创新的精神，更好促进各项工作的开展。

同时，不断根据形势需要，优化管理。以内部承包方式负责商业频道业务开展，是萧山网拓展商业的主要机制，通过对这一承包制度的优化，增设超额奖，进一步提升承包人积极性。为鼓励一线员工参与开拓新市场工作，还推出项目负责制，项目负责人在现有绩效考核模式不变的情况下，增加项目开拓执行激励。这既解决了新人的后顾之忧，也极大地增加了项目负责人的积极性。目前，已成功运营促进会访谈项目、家居业务项目等，运营效果良好。特别是促进会访谈项目，是萧山网品牌栏目从政务向商业发展，拓宽品牌节目发展空间的有益尝试。接下来，将以项目制模式，在美食、培训等方面进行尝试，拓展发展空间。

地方党媒运营政务新媒体的红心、初心与匠心

——以萧山日报"1+N+X"品牌为例

姚潮龙　陈祐玮

政务新媒体是政务机构适应移动互联网时代的重要体现，是全国各大城市推进政务数字转型的重要应用，也是传统媒体大力推进转型升级、持续构建"新闻＋政务服务商务"模式的新领域新板块。

萧山日报作为地方基层媒体，面对政务新媒体兴起大浪潮，充分发挥属性优势、本土优势、专业优势，全周期参与地方政务新媒体运营，全流程破解政务新媒体痛点，全方位构建政务新媒体矩阵。从积极探索到初试锋芒，从稳步快跑到趋向成熟，自 2016 年以来，通过 5 年的创新实践，萧山日报逐步形成以萧山发布为核心，"N"个部门、平台、镇街为主体，"两微一端"、抖音、人民号等 X 个平台为阵地的"1+N+X"政务新媒体矩阵，全力打响政务新媒体运营"萧报品牌"，不断夯实萧山第一主流媒体地位，成为全国县市区报业态驱动、融媒转型、创新发展中一抹独特"风景"。

一颗"红心"，卡位产业链

政务新媒体对政务机构的重要性不言而喻，是新时代政务机构开展基层社会

治理重要手段，目前已呈现出开设普遍化、运营常态化、数量规模化等特点。

以萧山区为例，据萧山日报 2020 年底调查统计，萧山开设政务新媒体的政务机构（含国有企业）为 90 家，运营模式主要分为 3 种：政务机构自运营，以自营为主、重要内容产品购买服务的半包，以及委托商业公司或地方媒体等第三方代运营。

面对政务新媒体蓝海、商业公司竞争红海，纸媒出身的萧山日报瞄准趋势、精准研判、主动出击、明确路径，以"三性"进军政务新媒体运营，以"三点"打造移动互联新品牌。

立足党媒属性，占据"制高点"。"党媒姓党"是地方党媒最大本色，是其快速切入政务新媒体市场的最夯实家底；"权威发布"是地方党媒最大特色，是其抢抓移动互联机遇的最宝贵财富。这本色与特色，与政务新媒体"政务"与"权威"的定位高度一致，也是地方党媒区别于商业公司的最独特优势、最显著竞争力。能否充分用好这一属性优势，往往决定着党媒转型的深度与广度。作为一张服务地方党委、政府的报纸，萧山日报拥有萧山头部政务新媒体"萧山发布"运营权，该账号认证主体为中共萧山区委宣传部，是萧山官方第一权威发布平台。运营"萧山发布"，是萧山日报"移动优先"战略落地见效最关键"船票"、再造移动端"萧山日报"最核心支撑。

紧抓用户黏性，找准"切入点"。地方党媒的地方性表现在立足本土、深耕基层，与地方党委、政府形成了极强信任感，与当地老百姓产生了天然亲切感，"上接天线、下接地气"是最真实写照，这种信任感、亲切感是地方党媒得以持续发展的核心要素。《萧山日报》创刊近 70 年来，沉淀了广泛的群众基础，俘获了庞大粉丝群体，也形成了强劲品牌效应。近年在向融媒转型、多元开拓中，萧山日报更是积极引入用户中心理念，强化"互联网 +"思维，优化提升与政务机构关系，实现从单一报纸版面宣传拓宽到报纸、新媒体全领域合作。

聚力媒体特性，形成"突破点"。数字技术催生传播变革，加剧政府话语权"去中心化",对政务传播造成一定困扰。现实工作中,政务新媒体对外主要表现为政府语言、单向输出,传播效果通常"事倍功半",以至于不少政务新媒体甚至沦为了"僵尸",闹出了不少笑话。专业人做专业事,媒体属性是地方党媒存在的意义所在,政务机构传播之所"短",恰是地方媒体业务之所"长",借力媒体视角、公共表达,传播往往"事半功倍"。如萧山日报,对内具备党媒智力资源、新闻出版信息安全优势,对外建立完备跑线联系机制,可谓既懂媒体又知政务,更能有效解决政务传播痛点。在官方政务新媒体排行榜上,由萧山日报代运维的萧山发布微信公众号位列 2020 年浙江省县(市、区)级政务新媒体矩阵第一。萧山司法微信公众号常年稳居浙江政法微信排行榜前五。

一颗"初心",创新价值链

政务新媒体兼具双重属性,形成三大特色。"双重属性"是指政务信息的传播属性、政民互动的政务属性;"三大特色"是指内容生产个性化、信息发布高效化,及以运营"两微"为主的常态化。这也导致政务新媒体被政务机构视为"自家媒体",从而出现政务传播"两个变":话语权由依赖媒体的被动变为独立可控的主动,发布权由第三方媒体优先变为"自家媒体"优先。

"两个变"一定程度上瓦解了媒体信息优势,弱化了媒体功能作用。基于媒体与政务机构各自的需求,萧山日报求同存异、和而不同,以一颗"初心"积极寻找共通点,努力把握平衡点,以"四个一"的探索,持续提升媒体自身价值链,深度创造政务传播价值链,实现地方党媒与政务机构在不断融合中互惠、在相互赋能中双赢。

筑牢一道隔离防火墙。采编是媒体的"使命",经营是媒体的"生命",随着我国新闻行业改革不断深入,实现"两分开"、深化"两加强",成为媒体任何时候都必须坚持的原则性重大问题。在内部，如何形成采编、经营部门之间互通合作而又相对独立的协调关系，也成为摆在媒体面前的一系列新课题。对此，萧山日报始终坚持"两分开、两加强"，划定新闻红线、明确经营底线，从体制上分设新闻、经营两大部门，从制度上组建常态化运作机构——融媒指挥中心，确保新闻、经营日常运行既独立运转又互通合作。如，融媒指挥中心每周由报社主要领导牵头召开编务例会，确定各自重点、协调相关问题。

形成一个共享信息库。"移动优先"战略是当前媒体转型的焦点与重点，但面对外界纷繁复杂的信息大爆炸，以及官方主动持续输出的大量政务信息，如何更有力、有序、有效处理这些信息考验着媒体能力，特别是如何连通媒体与外界、媒体内部不同部门之间的信息"孤岛"，是当前媒体的难点与堵点。为此，萧山日报推动全员向融媒转型，并将原本上午11点的报纸采前会"前置"，提到前一晚7点融媒选题会。会上，相关部门值班主任汇总次日选题，各平台各取所需、各尽所能，形成强大合力，成功打造一个共享信息库。如疫情期间，萧山发布"两微一端"全天候滚动播报疫情，第一时间传递权威、准确、迅捷资讯，各端口总传播量均超过100万人次，其中微信公众号"10万+"作品10个，最高单条阅读量达到57万人次。

打造一个垂直矩阵群。政务新媒体与日常媒体采编工作如何实现联动协同？如何保障政务新媒体常态化运作？从当前全国各地媒体实践来看，尝试很多、举措不少，但推动政务新媒体垂直化、矩阵化应当成为主流。如，体系上，萧山日报形成了以萧山发布为核心、部门平台镇街新媒体为主体的矩阵，并以通联制度的建立健全，畅通上下信息报送，重造采编发流程。重点上，突出当前关注度最高的微信、微博两大端口，始终保持日日更新频率，其中每个政务微信号日均发布量为3条。引流上，加强内容策划、日常互动，保持活跃度、增加粉丝量、提升黏合度，如萧山义桥微信公众号，粉丝量从不足2000人涨到5万多人，常读用户数始终在1.5万左右，常读用户比例达到30%（见图5-8）。

图 5-8　政务新媒体代维矩阵

　　开发一个服务功能集。"互联网 + 服务"正推动政务新媒体向新媒体政务加快转型，政民对话、政民互动将变得更为重要。某种程度上，政务服务是政务新媒体参与社会治理的主要特征之一，从地方媒体角度而言，是"新闻 + 政务服务"的发力点。围绕这一趋势，萧山日报紧扣政务职能，聚焦民生关注，依托自身技术实力，着力开发一批便民服务功能，努力构建政民沟通渠道，持续丰富政务新媒体的内涵与实用性。如，与萧山区纪委监委合作，为萧然清风微信公众号开发民情直达平台，月均接收相关信息 40 起；在萧山市场监管微信公众号打造"购药登记""防疫物资日报"功能，成为疫情期间全区购买退烧药、调配防疫物资的唯一通道。

一颗"匠心"，构建生态链

当前的政务新媒体，正成为政务机构线上线下联动、多点交汇融合的载体阵地，其延伸范围、运用领域、功能作用等已超出本身意义，因此在表现形式、传播效果、社会参与度等方面提出了更具体的细化要求、量化标准。尤其是在经济相对发达、思想相对开放的东部沿海地区，政务机构非常看重政务新媒体能否满足自身需求、能否实现政务目的。

为此，萧山日报秉承一颗"匠心"，主动对接政务机构需求，着力构建政务融媒体生态链，通过内部融媒改革、创新机制体制、聚合优势资源，以"三个为"打造一支集采编、摄影、视频、设计、文案策划等于一体的专业团队，业务触及代运营、宣传片、传播创意、会展会务等领域，实现从第一权威资讯供应商向第一政务服务集成商转型。

原创为本，专业驱动。内容原创能力、生产能力始终是各类媒体立命之根，也是党媒赖以生存、赖以兴盛之基。单论传播水平与传播技巧，当专业的媒体碰上"不专业"的政务机构，如何将两种优势结合好、发挥好，是地方党媒运营政务新媒体重中之重。萧山日报积极将媒体理念、媒体思维运用到政务新媒体运营中，坚持内容为王、原创为本，持续打造一流精品、爆款产品，在政务传播中不断形成专业驱动、口碑驱动、美誉驱动，有力促进官方民间两个舆论场相互支撑、交相辉映。以萧山科技城微信公众号为例，包括图、文、视频等在内，80%属于萧山日报独立采编的原创内容，其中 2020 年 11 月首发的《长安来"电"：西安电子科技大学给萧山科技城带来什么？》一文成为刷屏"爆款"，当天阅读量突破 2.7 万人次，掀起人民网、新华网、新浪网、浙江日报、杭州日报等媒体的转载热潮。

可视为主，多元表达。政务新媒体用户分众化、阅读碎片化，具有明显区域性、固定性。如何打破传播"定势"、阅读"惯性"？尤其是，随着 5G 技术应用逐步铺展开，传播视频化、信息立体化的时代将加快到来，视频将成为引领政务传播新方向，萧山日报盘活全社融媒资源，重点推动内容可视化、表达多元化，大量运用图表、海报、视频、H5、Vlog 等，重点开发一系列符合新媒特点的融媒体产品，实现政务传播半径广、影响大、效果好。据统计，萧山日报平台、镇街政务新媒体单条平均阅读量 3000 人次，如钱江世纪城这种"网红平台"，15% 微信推文阅读量能破万。与此同时，萧山日报组建了专门的"几维"视频工作室，专职负责各类政务拍摄。该工作室连续 3 年制作区委书记拜年 H5，成为春节"爆款"，累计点击量突破 800 万人次；作品被学习强国平台年均录用 200 多条，最高播放量达 1340 万人次；作品在短视频平台上点击总量突破 2 亿人次，最高一条达 5500 万人次。

全案为要，借船出海。移动互联的开放性不仅解构了地方媒体原有的话语空间与市场边界，也使得政务机构"视野"进一步拉大，其已不满足于政务信息传播局限于当地，内容上也不再满足于单纯的信息传播。从信息发布、政务服务，到活动赛事、日常事务等，目前政务、活动类型越发多样化，对举办与传播政务活动的要求早已摆脱区域性限制，但唯一不变的是政务新媒体是政务机构提高关注度的流量入口。因此对地方媒体而言，运营政务新媒体成了其深度参与政务活动的很好切口、拓展经营范围的新渠道。近年来，萧山日报依托与政务机构达成的新媒体领域合作，积极参与承办政务机构各类活动，同时借力人民日报、浙江日报、澎湃新闻、今日头条等开设新端口、延伸传播链，输出从传播到活动、从活动到传播的一条龙、封闭式全案增值服务。如，顺利承办"读懂萧山"论坛、"印象·新塘"摄影大赛、临浦镇"亚运兴城"攻坚誓师大会等，得到社会各界一致好评，彰显了媒体新品牌与新价值。

少年学报拓展"融媒＋社群＋平台"新格局

洪　科　李思婧

2021年6月，少年学报正式入驻华媒智谷（见图5-9），发布了全新的改版样刊、媒体矩阵及活动平台。这意味着，由杭报集团主管、主办的杭州市首份青少年教育类报纸《少年学报》迈入了又一个新征程，她不再只是一份报纸，而是全新的"融媒矩阵＋社群服务＋平台建设"发展格局的一分子。今后，少年学报将面向杭州全域发展，有效助力"书香浙江"建设做深做实，讲好杭州美好教育故事，更好地引领广大青少年精神成长。

图5-9　2021年6月，少年学报入驻华媒智谷

拓界一："阿米巴"式组团

《少年学报》发源于萧山，其前身是 1991 年 9 月 10 日创刊、由冰心题写报名的《学生文艺报》，2009 年改名为《花季雨季》，并以《萧山日报》副刊形式出版。2019 年 1 月 9 日，正式升格为《少年学报》，成为杭州市首份拥有独立刊号的青少年教育类报纸。升格后的《少年学报》在萧山的发展成效明显，并稳步开拓市场，在钱塘江南岸打下了良好的基础。同时，在钱塘江北岸，新媒体平台的搭建与杭州市场的拓展也得到了长足发展。2021 年初，根据集团倡导的"阿米巴"式灵活组团方式，萧山日报和华媒教育决定试行少年学报在杭州全域发展新模式，以跨单位、项目式的合作形式开展工作。2021 年 6 月 9 日，少年学报正式入驻华媒智谷，两支深耕教育领域的团队合二为一，统一思想、统一认识、统一办公，以萧山区为基础，积极融入大杭州，在融合发展的背景下再启航。

拓界二：改版先行

2021 年是少年学报开展杭州全域拓展的试行年。以此为契机，《少年学报》进行了一次大改版，从尺寸大小、版面内容、版面设置进行优化调整，全新的《少年学报》是一份更优化、更精致、更懂学生的报纸。

此次改版，报纸整体外形进行了大胆的突破，尺寸进一步缩小至 240mm × 297mm（略宽于 A4）。这主要考虑到与中小学生群体匹配，与其书包大小、总体身高身形、学校座位宽度等吻合，突出了便携性与可阅读性。同时以中小学生插画为主图封面，设置了封面导读，并一改一般意义上报纸的封面纸张，以适合彩印的 100 克铜版纸作为封面纸，提升了整体的美观度、时尚度和品质感（见图 5–10）。

此次改版，对内容和细节作了进一步优化，更加凸显少年气息。比如，对部分栏目名称进行优化：原《国学经典》改为《那时明月》，更有传统文化意蕴；《非常互动》改为《超话圈儿》，更加接近互联网时代阅读习惯。新推出《嗨，亚运》。除了原先的《文源妙笔》等5个经典栏目名继续保留外，其余栏目名全面调整。新栏目名更贴合时代发展和青少年喜好，共计28个版面。同时，新推出话题内容。《超话圈儿》就是刊载最近中小学生比较热门的话题，如样报的策划

图 5-10　《少年学报》新版

话题为"校园盲盒"。增加了编辑语，推出了"栏目主持人"，提升了报纸与学生的互动性、可视性，努力做一份更懂青少年的报纸。

拓界三：构建融媒矩阵

除报纸版《少年学报》外，少年学报对旗下的媒体平台进行了再梳理，共梳理出十大媒体平台和六大活动平台，以获得更大的发展空间（见图 5-11）。

十大媒体平台，即以全新的报纸版《少年学报》为核心，以少年学报微信公众号、乐学网、学习强国少年学报供稿中心、少年学报新华号、少年学报人民号、少年学报抖音号等发布平台共同构建的立体化媒体矩阵。多个国家级媒体供稿中心及发布端，全面提升了少年学报的差异化宣发优势，并有效聚拢政府部门及教育资源。六大活动平台，即《Hi，少年！》访谈栏目、未来·少年研究院、少年写作联盟、西子少年·朗读者联盟、少年学报校园通讯社、青少年研学基地。

图 5-11　少年学报媒体矩阵

　　近两年来，少年学报通过已经搭建的各个发布端口，定向定时供给各类与青少年群体相关的学习内容，为广大学生群体打造更为广阔的作品展示交流平台。同时，少年学报还打造了名校长联盟，举办了沪浙两地少年儿童原创诗歌、国际数字教育展等。

拓界四：布局视频赛道

　　少年学报积极布局视频赛道，通过构建更紧密的教育关系网、打造更敏捷的视频团队，创新业务盈利模式，陆续推出杭州美好教育局局长访谈系列、名校长说直播系列、校园探访系列等，并在少年学报版面上增加视频互动栏目，扩大品牌影响力，增强用户黏性。

　　在业务先行的前提下，细分视频团队角色。从前期的商务、制片，到中后期的拍摄、剪辑、特效、三维建模、调色等，打造一支更敏捷灵活的团队，把视频业务引领到更专业轨道。优化视频承制内容，除传统宣传片外，尝试创意片承制、线上直播课程业务试水等，提升营收能力。创新业务渠道，以建立杭报集团视频制作基地为契机，成立视频联盟，建立视频资源库，通过市场化合作实现项目分包，机制更为灵活，有效提高利润率。目前，少年学报已先后承制杭州市级机关、企事业单位各类宣传片及视频产品，今后将持续推进视频板块发展，开好视频时代的头班车。

拓界五：试行区域合伙人制

《少年学报》是杭报集团第八份有正式刊号的报纸，目标是打造成为集团下属面向全市、全省、全国的一流教育行业报。下一步，报纸将计划实行"母报 + 分社"的发展方式，即以少年学报为母报，分步骤在各主要区县（市）设立分社、站点的模式展开。分社或站点，主要采用的模式就是区域合伙人的模式。所谓"区域合伙人模式"，即在区县（市）内寻找有热情、有梦想、有资源、爱教育的合伙人，与少年学报共同开拓当地市场。合伙人最主要的职责就是打造少年学报在当地的品牌影响力，同时也负责搭建区域供稿中心、区域发行中心、区域活动中心、周边拓展中心。根据具备的不同条件，推出事业合伙人和项目合伙人两种模式。

希望经过几年的努力，在杭州教育领域市场牢固地打下少年学报的地位，在杭州的发行实现各区县（市）全域覆盖，并不断实现"三力"提升，即品牌影响力全面提升、发行覆盖能力大幅提升、整体收益能力大幅提升。

图书在版编目（CIP）数据

　　破圈之路：萧山日报媒体融合发展的实践与思考 /
陆伟岗编著. -- 杭州：浙江大学出版社，2023.11
　　ISBN 978-7-308-24353-7

　　Ⅰ.①破… Ⅱ.①陆… Ⅲ.①报纸—新闻工作—萧山
县—文集 Ⅳ.①G219.275.54-53

　　中国国家版本馆CIP数据核字（2023）第207153号

破圈之路：萧山日报媒体融合发展的实践与思考
POQUAN ZHI LU: XIAOSHAN RIBAO MEITI RONGHE FAZHAN DE SHIJIAN YU SIKAO

陆伟岗　编著

责任编辑	吴伟伟
文字编辑	蔡一茗
责任校对	赵　珏
封面设计	雷建军
出版发行	浙江大学出版社
	（杭州天目山路148号　邮政编码：310007）
	（网址：http://www.zjupress.com）
排　版	浙江大千时代文化传媒有限公司
印　刷	杭州钱江彩色印务有限公司
开　本	787mm×1092mm　1/16
印　张	14.75
字　数	215千
版印次	2023年11月第1版　2023年11月第1次印刷
书　号	ISBN 978-7-308-24353-7
定　价	88.00元